国学与新闻写作系列

人民日报记者怎样写短论

刘杰 著

人民日报出版社
北京

图书在版编目（CIP）数据

人民日报记者怎样写短论 / 刘杰著． — 北京：人民日报出版社，2024.2
ISBN 978-7-5115-8226-3

Ⅰ．①人… Ⅱ．①刘… Ⅲ．①新闻写作 Ⅳ．① G212.2

中国国家版本馆 CIP 数据核字（2024）第 039719 号

书　　名：	人民日报记者怎样写短论 RENMINRIBAO JIZHE ZENYANG XIEDUANLUN
作　　者：	刘　杰
出 版 人：	刘华新
责任编辑：	曹　腾　季　玮
版式设计：	九章文化
出版发行：	人民日报出版社
社　　址：	北京金台西路 2 号
邮政编码：	100733
发行热线：	（010）65369509　65369527　65369846　65369512
邮购热线：	（010）65369530　65363527
编辑热线：	（010）65369523
网　　址：	www.peopledailypress.com
经　　销：	新华书店
印　　刷：	大厂回族自治县彩虹印刷有限公司
法律顾问：	北京科宇律师事务所　010-83622312
开　　本：	710mm×1000mm　1/16
字　　数：	178 千字
印　　张：	15.5
版　　次：	2024 年 5 月第 1 版　2024 年 5 月第 1 次印刷
书　　号：	ISBN 978-7-5115-8226-3
定　　价：	48.00 元

智者的思考与选择
——读《人民日报记者怎样写短论》有感

杨柏岭

读完人民日报社安徽分社原社长刘杰的"国学与新闻写作"系列第四部《人民日报记者怎样写短论》,时间已过子夜。临窗而望,远近高楼尚有数家小窗发出温馨的光谱,街道两旁的华灯亦依然闪烁,只见车灯移动而不闻笛鸣。身处如此静谧苍茫之区,回想与刘社长相识八年来的点点滴滴,某一念忽由吾心酝酿而出,似有万不得已者在,而亟待与知者交流。那就是从"怎样写活人物""怎样写纪事""怎样写特写"到"怎样写短论",作为人民日报资深名记者心中的新闻特质,以及新闻作品创作者气质是什么或应该如何呢?

阅读前几部时,曾有感"怎样写"的话题更倾向于"技""术"的性质,而刘社长尤重技道合一层面的思考,带给我的往往更多的是"道"的启示:回答了国学与新闻结合的可能性、必要性、合理性及规律性,通过分析古今经典文本揭示了古文及新闻写法的秘钥,彰显出国学与新闻结合的理论及实践自觉,带给读者体认新闻学科定位"业学"的深度启示。可以说,"国学与新闻写作"系列的思想成果,既是来自新闻实践第一现场而溯源古文创作的理论深化，也是植根于中华优秀传统文化沃土而感发新闻理论思考的实践拓展。当阅读刘社长新著《人民日报记者怎样写短论》的章节划分，从"古今比较，为什么说记者要写点短论""古今比较，看新闻短论的作用""古今比较，看新闻短论的选题"到"古今比较，看新闻短论的写作诀窍"四个部分均冠以"古今比较"，足以看出古文与新闻双向可通的鲜明特点以及撰述者唤起新闻生命纵贯性意识的高度自觉。细读这部新著，结合刘社长描述从事新闻工作之经历，诠释心中新闻特质及新闻记者气质等话题，由吾心酝酿出的那个最大启示，借用清末民初词学家况周颐论词之语"词之为道，智者之事"，那就是"新闻评论之道，亦智者之事"也。此意未与刘社长沟通，不免心中戚戚，然正如晚清学者谭献所言"作者之用心未必然，而读者之用心何必不然"（《复堂词录序》），故试作分析，以求指正。

　　据《春秋左氏传》，儒家最推崇三种人生，依次为"太上有立德，其次有立功，其次有立言"，且云"虽久不废，此之谓不朽"。孔子进而提出了"三达德"，所谓"仁者不忧，智者不惑，勇者不惧"。两者之间似有呼应关系，仁者不忧而立德，智者不惑而立言，勇者不惧而立功。同时，在儒家的主流阐释中，无论三不朽还是三达德，诸不朽或德有各司其职的一面，但彼此之间绝非各是其是，各非其非的存在，而是着眼于整体中的个体独立，且三不朽以立德为本，三达德以仁为体。由此，儒家所诠释的智者本质上属于"必仁且智"者。然为何又将立言纳入智者的范围？在中国文化史上，认识及言语活动自是智之性。许慎《说文解字》解"知"云"词也，从口矢"，"口"表明人类认识行为离不开言语媒介，"矢"以飞箭聚焦靶心的运行特点比喻人类捕捉信息及表达信息的指向性和迫切性,许慎以"词"解"知"实则揭示出思维与言语相互依存的关系。后来段玉裁《说文解字注》释许慎之意云"识敏,故出于口者疾如矢也",进一步强调了"知"所蕴含的才思敏捷,得心应口,言必中鹄等义项。"知"即"智","智"是"知"的后起字。许慎《说文解字》曰"智""识词也,从白亏知",所谓"识词"就是思维与言语活动的结合体,而"白"或曰日光或曰白天,均比喻人类因为有了思维和语言相互作用的认知活动,从而能踏上"弃暗投明"文明进化之旅的那份广耀、暖意及使命感。

可见,智者属于既有思维活动能力又有语言反应能力,擅长能感之、能言之的人格类型。智者"识词"也,然"立言"真正成为智者的优长则非易事。对此,中华文化有着丰富的诠释。概而论之,好学、专注、不惑、明理、自得、通达、创物及乐道等乃中国文化赋予智者内涵的普遍共识。孔子曾总结平生修养历程,"吾十有五而志于学,三十而立,四十而不惑,五十知天命,六十而耳顺,七十从心所欲而不逾矩"(《论语·为政》)。有了"志于学"专注精神这个前提,广闻博见进而拥有某领域的专门知识,方可能"立"而至智者"不惑"。可见,对于孔子来说,"不惑"只是人生修养进阶中的一个阶段,而后还有"知天命""耳顺"以及"从心所欲而不逾矩"。因此,孔子说的"智者不惑",并非说"不惑"就可以是智者了,而是说不迷于事或不疑于理的"不惑",只是智者的基本标准之一。在基础上,修养者由表及里、古今互鉴直至实现智者生命的最高境界。

明乎此,便知为何得出"新闻评论之道,智者之事"的缘由。从智者角度讨论新闻评论(含短论,下同)实因新闻评论体裁性质决定的。新闻评论作为一种具有特殊规律的专门学问,自然就对写作者的素养提出了要求。"智者之事"表现在新闻评论尤其是短论中尤为突出。刘社长将新闻短论的作用概括为"用来说理""用来析因""用来赞颂""在于挞伐""在于倡导"等五个方面。这五个方面可以说正好呼应了古人关于智者心性的认识。古人云"智者,识见之谓也"。此识见首先就表现在言能尽意的正名上,即荀子说的"知(智)者为之分别,制名以指实"(《荀子·正名》)。尽管"新闻是第一性的,评论是由新闻派生的",但"新闻评论是一种有着自己特殊规律的学问"。在新闻作品中,事实与价值有着特别的存在形式,从新闻性上说需要形象思维,价值判断由读者在阅读事实中自己判断,但新闻评论不同,需要在事实中呈现出价值,逻辑思维便不可或缺。这就需要写作者的"见识""思辨"等。

其次,智者的明理与思辨既要知其然又须知其所以然,既要知其已然又须知其将然。这就是朱熹说的"知其所以然,故志(智)不惑;知其所当然,故行不谬""(《答或人》)以及贾谊说的"凡人之智,能见已然,不能见将然"(《陈政事疏》)。这也是刘社长说的新闻短论的作用在于"用来析因""在于倡导"等。不仅如此,刘社长新著在分析闻短论的特点及写作方法时不经意间流露出的多是合乎智者心性内涵的文字。诸如"明理靠思辨,真理靠辨别,反复论证才能'吹尽黄沙始到金',真理也如同真金,泥沙掩盖不住金子的光辉","无论是'下乡手记''热点感言'和'编余杂识',都是新闻工作者发乎于心的'言'与'识',有不说不快的评说冲动","倡导者,一在事物有意义,二在最早去发现,三在及时发倡议",等等。

再次,智者的明理与思辨最终表现在对真理的判断力以及爱憎分明的态度上。对于新闻评论来说,这个真理有科学意义上的事实真相和客观道理,更有政治、道德意义上的真善美。刘社长在新著中以一定篇幅探讨了新闻评论的定义,他在范荣康先生所下的"新闻评论是一种具有新闻性、政治性和群众性等显著特征的评论文章"定义等基础上,特别强调了"在突出新闻性的同时,体现的是号召性和推动性,以及鲜明的立场和强硬的态度"等要义。诸如此类,正是儒家在智者的知性等意涵基础上所强化的德性素养的内容。孔子就思考过,因为"唯仁者能好人,能恶人",故"里仁为美。择不处仁,焉得知(智)?"同时,"仁者安仁,知(智)者利仁"(《论语·里仁》)。大智者无不以仁为质,一旦以仁为质便能给智者装上了明辨善恶的"只眼"。孟子由此直言"是非之心,智也"(《孟子·告子上》),荀子亦云"是是、非非谓之知(智),非是、是非谓之愚"(《荀子·修身》),他们所谓"是非"就是"善恶"和"美丑",如此便可明白朱熹注"知者不惑"时说的"明足以烛理,故不惑"(《论语集注》)的深意,亦深刻理解儒家所谓智者立言的要义所在。对此,刘社长关于新闻短论作用在于"用来赞颂""在于挞伐"这两点与儒家的智者观完全一致。"赞颂就是弘扬正能量……从而形成新气象",而"短论挞伐的作用就在于,对恶行如李斯者必须毫不留情地怒批,而对错误的东西也要敢于直言"。

当然,有感于新闻评论适宜智者所为,还在于新闻评论的写法必须借助智者人格特有天资、阅历、学识、襟抱等,好的新闻评论更是彰显出智者特殊的生存智慧。关于新闻短论的写法,刘社长新著重点讲了譬喻法、对比法、拉呱法、实例法和会说话等五种,其核心就在于为了达到宣传效果最大化的言说能力和技巧,而这正是智者的本质意涵。刘社长通过考察古今言论,认为"新闻短论就是依据新闻事实,有感而发,一事一议,借事喻理,事清理明则已",但是包括新闻短论在内的"新闻报道是舆论工作重要载体,如同古文讲究文以载道一样,是党的宣传工具",鲜明的政治导向决定了新闻短论与众不同的写作要求,必须"要以理服人,以教化人,不把报道中的道理讲清楚,弄明白,就起不到应有的作用"。当然会说话,说得妙,"就能够起到响鼓重锤的效果"。故而,"从古到今,各类人物、纪事文体,或侧记、素描、特写等,为了起到文以载道、警世济用,无不在短论上下功夫,进而增强作品感染力,成为令人称道的佳作名品"。

其实,从广义上说,新闻评论就是一种讽谏文字。对此,中国古人有着深刻的领悟。班固曾言"人怀五常,故知谏有五:谓讽谏,顺谏,窥谏,指谏,陷谏",接着转引孔子之言云"谏有五,吾从讽之谏"。孔子选择彰显智者心性的讽谏,并不背离"人怀五常,莫不贵德示成"的原则,恰恰相反是智者贵德之举,因为讽谏可以"事君进思尽忠,退思补过,去而不讪,谏而不露"。至于"讽谏者,智也。知祸患之萌,深睹其事,未彰而讽告,此智之性也"(班固《白虎通义·谏诤》)。回头再看刘社长提出的新闻短论五种写法,无论是"用比喻的方式来说明所要论辩的事理,以比方说的循循善诱方式,会给人以豁然开朗的顿悟",还是相对激烈的"对比可以辨高低,知对错,看程度,晓差别,许多道理会在对比对照中,鲜明地揭示出来,给人以深刻的启迪"等,从写作技巧上说均是"讽告",而从写作者的洞察力上说就是"知祸患之萌,深睹其事,未彰"前的"预告",足见智者的聪慧。故《列子·杨朱》篇云"人怀五常之性,有生之最灵者也。任智而不任力",将用智提升到人类学的高度。当然,讽谏主要是由下而上的行为,反映出古代中国宗法体制下智者的一种生存智慧。如今新闻评论既有写给政府看的也有写给人民群众看的,因此要对古代"讽谏"文字加以革新。对此，刘社长结合《之江新语》中的新闻短论，鲜明地指出这些短论"提出了推进浙江经济社会科学发展的正确主张，及时回答了现实生活中人民群众最关心的一些问题，是坚持'从群众中来，到群众中去'这一科学的领导方法和工作方法的生动体现"。

无论是新闻短论的体裁性质，还是写作诀窍，均说明新闻短论的写作者和把关人需要一种特殊的素质。"事实是，因为短论是别样思维，遇到新的事物，总会比别人多一样思考，也因而会多一种对事实的表达方式，角度新颖的短论总能给自己开拓新的收获渠道。"于是，刘社长在"记者也要学会写点短论"等部分，专门讨论了新闻记者如何写和专业评论员如何把关新闻短论的素质，提出几个主要方面着力点：一是"学习是首要问题"，"学习包括学理论，学中央文件，学知识，学短论佳作"，即广闻博学；二是"要多深入，学习提高眼力，深入夯实脚力"，即提高识见；三是"在学习和深入的基础上，记者还要多思"，比较而言，新闻报道上的"多思是发现挖掘表现上的多思，而写好短论的多思，则是在道理上的多思"，即善思明辨；四是"多动手，多练笔"，即"道进乎技"。学习、深入、多思及多练，这貌似平常话语正是古人对智者养成的要求。简言之，智者若想立言，须对某领域笃好而专精之，持之以恒，方有成就之可能。孔子即言"好学近乎知（智）"（《礼记·中庸》），又说"十室之邑，必有忠信如丘者焉，不如丘之好学也"（《论语·公冶长》）。可见，好学是养成智者的必要条件，其重要性足以与忠信媲美。故王充说"智能之士，不学不成，不问不知"（《论衡》）。关于智者的深入、多思两点，前文已多有涉及，兹不再赘述。至于多练笔，"首先练脑，练发现力，多写多练才能改变眼高手低的毛病，形成眼到、想到、手到的良好习惯"。这亦如古人所云，熟能生巧的背后是识见、明理、合道。所谓"法而不智，则天下之死法也。道不患不知，患不凝；法不患不立，患不活。以信合道，则道凝；以智先法，则法活"（苏轼《信道智法说》）。法活乃因道凝。此"凝"就是合道、乐道中"心目专注，弗遑旁及"的精神状态。

智者因其特殊性，故而在社会分工中就有了专门之职责。苏轼评价李公麟画作时说"其神与万物交，智与百工通"（《书李伯时山庄图后》），智性乃各行各业均有之共性，然各行各业之从业人员并非都称为智者。作为在中华传统文化人格类型中居于重要位置的智者，是赋予那些好学、专注、不惑、明理、自得、通达、创物及乐道的精英人群。感慨至此，刘杰社长就是这样一位智者，此乃由衷之言。此时，那位笃好而专精新闻事业，从采访一线到课堂一线到如今笔耕不辍的奋斗身姿就在我的眼前。人生就是一次次的选择过程，每个时段都有属于自己的选择，选择什么走向何方，着实可鉴人之性情、学养、襟抱和智慧。若非深于新闻工作之情，工于言新闻业务之识，刘社长曷克执着到此！

至此，再次转引《怎样写活人物》序言中的话作为结语："国学与新闻写作"系列研究讲的是方法，更是精神，是文化。新时代需要融媒新体现，却不能失落老传统。国学中有新闻，新闻更需要国学。在传统文化中提升新媒体素养，以新素养传承古文精髓，如是，才能让党的新闻伟业更加辉煌耀眼。

是代为序。

2024 年 1 月 23 日

（本文作者为安徽师范大学教授）

沉下去洞察，站起来评说
——《人民日报记者怎样写短论》读后

李泓冰

刘杰，是我素所敬仰的人民日报同事，尊之如兄。他的大作《人民日报记者怎样写短论》付梓，嘱我作序，着实愧不敢当。趁着春节假期，细细读过一遍后，很是感叹，倒是颇有些话想说。不敢称序，算是读后感吧。

刘杰兄是人民日报老记者，在地方浸润数十年，辗转于安徽—山西—安徽。晋与皖，那几乎是最中国、最华夏的所在。晋的黄土地，曾经龙兴虎啸，胡汉撕扯，拥有北地熙来攘往诸民族最灵动最浩荡的鲜活血脉；皖的江淮间，桐城派文贯古今，徽商群通江达海，更存续着典雅坚韧的汉文化最智慧最本真的淳厚回响。中国历史的辉煌与苦难，在这里粘稠得简直难以挪步，同时也意味着在走向现代化的过程中，这里的矛盾与挑战，较之沿海更加艰巨更加多元。刘杰兄就在这样的时代转型期，作为党中央机关报的记者，直面困顿与希望，保守与新生，采访了诸多重大新闻事件，深入古老华夏最毛细的血管间，一步一思，一饭一察，随时思考，不断输出，已经成为他融入骨髓的职业习惯。这本书，是他对写好新闻短论的系统性思考，更是他这份职业习惯的微观实录与学术总结。

这部书，与其说是教人写短论，不如说是从一个新的角度，透视一位人民日报地方分社卓越记者的成长史。刘杰兄卸任人民日报记者之后，担纲安徽师范大学特聘教授，他从丰厚的新闻实践中不断潜心研究，这是他最新的思考成果，值得年轻记者和新闻学子深长思之，从中获益。

本书的特色非常鲜明。

一是思接千载，文以载道。

刘杰兄将新闻评论前辈的流响，贯穿在自己的研究和实践中，向读者倾囊以授。"出新意于法度之中，寄妙理于豪放之外"，所谓法度，就是源自先贤"短论"的源远流长。他以深厚的古文功底爬梳剔抉，仿佛是一位娴熟的导游，又如解牛的庖丁，向我们指点在幽深绵长的历史隧道中，展现司马迁、韩愈、欧阳修们的手挥目送，是如何能够在短论中运斤成风，让读者原本眼中的一瞥惊鸿，是如何飞翔得游刃有余，又是怎样将"古今之变，天下之能"变成自己的学养与评论功底的。

这也是本书专业性的最好体现。作者厘清了新闻"短论"的前世今生，满溢着中国气派、中国气蕴。他甚至诚恳地给出了新闻前辈和自己深思熟虑的写好新闻短论的必读范本：

徐铸成在《新闻丛谈》中讲到自己的体会，为了提高新闻言论水平，他购买了些书籍，有计划地顺序学习，细读《资治通鉴》，并推及《史记》《汉书》等"前四史"及《晋书》，以后还逐篇读了明清之际学者王夫子的《读通鉴论》和《宋论》，从而理解到这些书籍是新闻工作者的必修科目。笔者认为，唐宋八大家的古文短论，《新五代史》有关史论，以及《古文观止》和其他史传中的精彩短论，都应该是记者写好短论的借鉴经典。

事实上，作者希冀后学们从中汲取的，并不只是性灵和文字的滋养，更有一份堂皇正大的家国情怀，这便是文以载道的力量。士不可以不弘毅，再短小的文字，也充满推动社会进步的心心念念。他从先秦一直追溯到"之江新语"，到人民日报记者的天下己任，这是"我将无我"的初心使命，更是党中央机关报记者的责任担当。思接千载的道统，在刘杰兄的新作中贯穿得十分彻底，具像地说明了，什么是薪火相传，心魂相守。

二是夫子自道，善接地气。

人民日报记者都知道老社长杨振武常说的一句话："站在天安门上想问题，站在田间地头找感觉"。这里蕴含着"顶天"与"立地"的双重含意以及相互促进。事实上，在推进中国式现代化的过程中，一条重要经验便是，将顶层设计与实践探索紧密结合。基层"摸着石头过河"的探索得失，为决策层的系统性擘画提供重要依据。

刘杰兄对这句话的感触尤为深刻，否则他不会在采访之余，目光灼灼地盯着基层、瞄着实情，更不会着手成春，不断有出色的"短论"面世。

且看书中他举的一例，关于人民日报"今日谈"《一周六天会，咋工作》的"出笼"经过：他刚到山西记者站，就下乡采访，一等二等不见镇领导，快下班才见镇长从县里赶回来，抱怨说同样的会，省里开罢市里开，市里开罢县里开，一连6天都在会上泡，咋工作？等了半天的记者也一肚子不高兴。搁别人，气了互发几句牢骚，也就罢了。刘杰却不吐不快，立即写就短论刊发，不光为基层干部和记者自己解了气，更用有力的论证，明辨是非，指出以会议贯彻会议就是彻头彻尾的形式主义，应该鞭辟入里，痛加挞伐，为基层干部松绑，多些抓落实的时间。由于问题抓得准，鞭挞不留情，结果引起省委领导高度重视，文山会海得到一定遏制。

类似的例子，还有很多。除了夫子自道，更有广征博引，举贤荐能。例如，作者激赏的王慧敏，在河南虞城乡村挂职两年，开辟"乡村手记"专栏，写的都是源于"田间地头"的所思所想。这样的人民日报记者还有不少。曾任人民日报社总编辑的范敬宜就说过，"离基层越近，离真理越近"。书写短论，自然要站在真理一边，越近越靠谱，才能做到人民至上，力倡改革，解决积弊，推动发展。

三是记者短论，相辅相成。

本书是资深记者基于从业经验去研究短论写作的学术著作，和专业评论员的心得殊有不同。记者写评论，除了有更接地气的优势，更能与采访写作相互成就。唯有沉下去洞察，才能站起来评说。妄改孔圣人的话就是，"采"而不思则罔，思而不"采"则殆。

作者于此颇有心得：学会写短论，对于记者而言，还有别样的收获，那就是多一把刷子，就有了多一手获取意外惊喜的本领。当别人抢先报道了新闻事实之时，你可用短论去偿补缺失；当别人没有发现新闻事实时，你可用事实报道加短论获得双重收成。事实是，因为短论是别样思维，遇到新的事物，总会比别人多一样思考，因而也会多一种对事实的表达方式，角度新颖的短论总能给自己开拓新的收获渠道。

当然，问题是记者怎样才能写好短论呢？刘杰兄用一本书来详

沉下去洞察，站起来评说

尽解答，答案便在其中，不妨开卷细读……或许，循道而去，读者诸君亦能做到"当其下手风雨快，笔所未到气已吞"（苏东坡语）的境界呢！

2024年2月19日
于上海
（本文作者为复旦大学特聘教授、人民日报高级记者）

古今比较,为什么说记者要写点短论

短论从新闻评论中派生而来 / 003

短论从古代论说文中走来 / 017

短论的古今表现形态 / 048

记者也要学会写点短论 / 091

古今比较,看新闻短论的作用

新闻短论是用来说理的 / 104

新闻短论是用来析因的 / 110

新闻短论是用来赞颂的 / 121

新闻短论的作用还在于挞伐 / 128

新闻短论的作用还在于倡导 / 138

古今比较,看新闻短论的选题

切身感受类 / 151

时事新闻类 / 159

历史事件类 / 164

民意民情类 / 174

古今比较，看新闻短论的写作诀窍

譬喻法 / 186

对比法 / 194

拉呱法 / 201

实例法 / 211

会说话 / 219

附：阅读参考书目 / 229

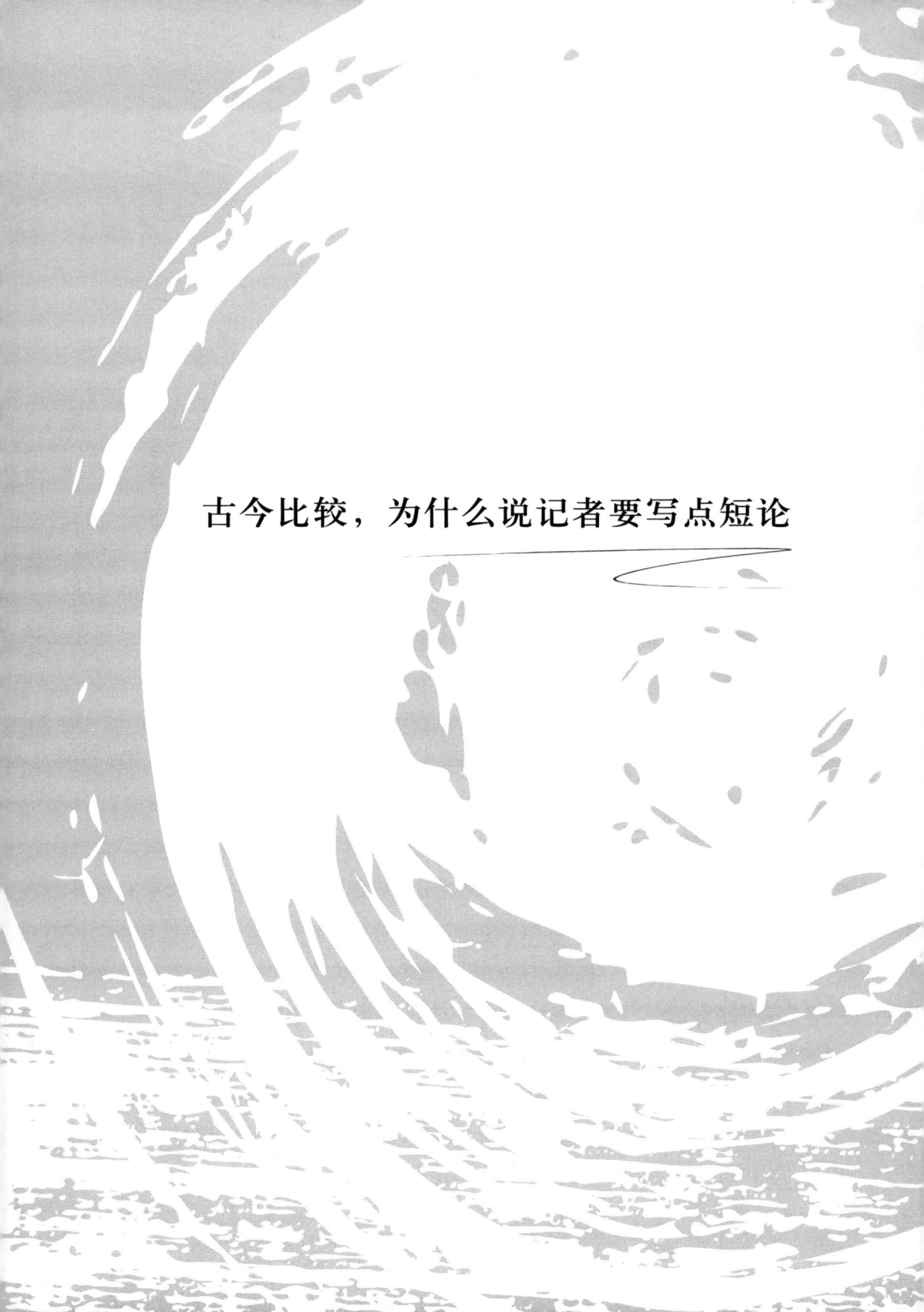

古今比较,为什么说记者要写点短论

短论从新闻评论中派生而来

从古至今，短论都是提笔作文者所致力经营的一种文体，只不过当下所说的短论是专指新闻写作上的短论，名曰新闻短论。但无论是古代的短文，还是现在的新闻短论，那种根子上的从未割断的文脉却是绵绵相通，特别是与新闻评论更是息息相关。

新闻评论由来已久，是因为新闻在中国由来已久，而有了新闻，随之新闻评论也就产生了。范荣康《新闻评论学》谈到，著名老报人徐铸成在《漫谈新闻和新闻评论》一文中提出，从传说中的尧舜时代起，统治者就有左右两个史官，"左史记言"——记录君臣之间的应对；"右史记事"——记载朝廷的一举一动。在徐铸成看来，这左右史官就是"官报记者"。有记者就会记载新闻，而有关评论就会相伴而生。从新闻谈到新闻评论，徐铸成认为，司马迁著《史记》，在每篇"本纪""世家""列传"的后面写一段"太史公曰"，对此人此事，作简要概括的评议，"这也可说是为后代的史论、新闻评论开创了先例，树立了典范"。司马光编撰《资治通鉴》，运用夹叙夹议的手法，在紧要处写上一段"臣光曰"，发挥了史论——旧闻评论的传统。王船山（王夫之）写《读通鉴论》，就《资治通鉴》所载的重要史事，逐条加以评论，每篇都有新见解，内容精辟，文字简洁，为史论，亦为新闻短论增一异彩。

从范荣康《新闻评论学》的研究来看，中国的新闻评论的确是源远流长。中国老一辈新闻评论家，都从这些古代名家的著作中，学到很多论断的方法，以及精练的笔法。从《史记》中的"太史公曰"和《资治通鉴》中的"臣光曰"，到现代报刊上的社论、评论员文章、短评，以及编者按、编后等，也不难找到相通的轨迹。其实，古代众多经史子集，如《论语》《孟子》《晏子春秋》，以及唐宋八大家古文等，无不充满与新闻评论相通之处，特别是一些精妙警世的论辩类短文，更是新闻短论产生发展的不竭源泉。

什么是新闻评论？为什么还要提出新闻短论？颇须明察。

新闻评论与新闻相伴而生。新闻是第一性的，评论是由新闻派生的。新闻评论是一种有自己特殊规律的学问，如同新闻是一种有自己特殊规律的学问一样，是以报纸作用为基础而下定义的。著名新闻记者、新闻学者、中国新闻史和世界报业史研究者戈公振综合各家报业史研究成果，在其著作《中国报学史》中为报纸下了这样一个定义："报纸者，报告新闻，揭载评论，定期为公众而刊行者也。"由此看来，"报告新闻，揭载评论"是新闻纸的两个不可或缺的要素，也就是说，新闻是第一性的，评论因新闻而生，是就新闻而发表的评论文章。

在此研究基础上，范荣康在《新闻评论学》中给新闻评论下了一个明确定义："新闻评论是一种具有新闻性、政治性和群众性等显著特征的评论文章。把这些特征串在一起讲，那就是说，新闻评论是就当天或最近报道的新闻，或者虽未见诸报端但确有新闻意义的事实，所发表的具有政治倾向的，以广大读者为对象的评论文章。"简言之，新闻评论就是针对新闻事实的评论，以前称见诸和未见诸报端，互联网时代包括新媒体报道或未报道的确有新闻意义的事实，所发表的具有政治倾向，以广大读者受众为对象的评论文章。

那么，新闻短论又是如何提及的呢？为什么又专门提出记者怎样写短论？这里面有个专业分工，以及形式区分上的问题。弄清楚了这个问题，才会明白此专著孜孜以求的价值所在。不妨先看看几位新闻评论专家，在新闻评论分类上，是如何科学解析的。

著名新闻评论家、人民日报社原社长邵华泽在其专著《同研究生谈新闻评论》中讲道："报纸评论包括社论、评论员文章、短评、编者按、编后。另外，《人民日报》的'人民论坛''今日谈''漫话''随笔'等专栏里发表的文章，也在报纸评论之列，叫署名评论。"由此而论，报纸评论分两大类，即署名评论和不署名评论。于宁、李德民在《怎样写新闻评论》中谈到评论分类时说，社论是新闻评论中最重要的一种，它是代表编辑部就某一重大问题发表意见的权威性评论。对党中央机关报来说，也代表了同级党委。本报评论员文章所谈的问题的面比社论要宽广一些，一篇好的评论员文章所起的作用不亚于社论。短评可以说是短的评论员文章；编者按和编后是紧放在新闻的前面、后面，或插在新闻中间的短平快评论；专栏评论是个人署名的来自群众，面向群众，为群众所喜闻乐见的评论形式。范荣康在《新闻评论学》中对新闻评论也有科学分类，他说，长期以来，党报评论品种单调，多属"老三类"（社论、评论员文章、短评），面孔很古板，近几年，《人民日报》除了社论、评论员文章和短评外，有一版的微型评论专栏"今日谈"，还有"每周论坛"等，专栏评论多数是公共专栏，具有广泛的群众性，作者的广泛性带来题材的多样性，丰富了新闻评论的内容。

由上述几位评论家的研究来看，新闻评论从形式区分上，大致分为两大类，即不署名评论和署名评论，而不署名评论，除了范荣康说的"老三类"（社论、评论员文章、短评），还有编者按和编后，这些评论总体是代表编辑部对国内外大事、对现实生活中各种现象进行评说，最直接地体现党报和党的新闻舆论工作的指导性，是报纸和党的各类媒体体裁中最有力的武器。另外，代表编辑部所写评论，多数是专业评论员完成，而且许多媒体都专门成立了评论工作部，重要的评论都由评论部指派专人完成。

如前所说，党报是党的舆论工具，社论和评论员文章、短评等不署名评论文章代表编辑部，代表报社，那么自然也代表同级党委，因此评论文章由社长、总编辑把关润色，特别是社论、评论员文章，从选题到框架结构，再到文字形成，直到最后定稿，总会经过评论部、报社以及同级党委相关领导多层修改审阅批示，方可见诸报端。由此一来，评论的权威性、指导性自不必说，行文架构也就愈加正色端庄。虽然编者按、编后没有社论、评论员文章、短评那么重要的使命担当，也不大需要社长、总编辑出面把关润色，但起码也是大编出手，版面负责人和部门领导审读，几番过手才能推出，多为新闻稿件"提神""点睛"，借以引起读者重视，号召人们借鉴之、学习之、推广之，云云。

不难看出，社论、评论员文章、短评和编者按、编后等，此处且统称"老三类+"，其特点大致不外有三：一是集体创作，二是官方声音，三是权威指导。在突出新闻性的同时，体现的是号召性和推动性，以及鲜明的立场和强硬的态度，这也体现了几位评论大家在自己专著中所说的新闻评论的特征，即范荣康的新闻性、政治性、群众性"三性说"，还有于宁、李德民的党性、时间性、指导性、群众性"四个特点说"。众多的有关新闻评论理论专著，也少不了要谈"三性""四个特点"，以及如何对此突出强化，以及从根本上培训提升专业评论员队伍素质，增强评论员在办好报纸中的作用。

然而美中不足的是，因为责任重大，使命光荣，"老三类+"的新闻评论，肩负着政治性、指导性的重任，所发出的声音难免提高调门，放大嗓门，而且难免会板着面孔，瞪大眼睛，郑重其事，不容争辩，如此等等。多年来，虽然党报致力于新闻评论特有的宣传鼓动作用，每年都会推出众多为人称道的大稿，为党发声，为民尽言，主题重大，结构严谨，语言宏阔，不断刷新着新闻评论的影响力和感染力，但业已形成的"老三类+"的传统套路，使新闻评论一直在努力呼唤生机勃勃的春天气息，寻求更为轻松新颖的新闻评论模式。

1980年1月2日，在《人民日报》右下角出现了一个新的专栏"今日谈"，于专栏评论园地里绽放出一束报春的小花，引起读者的广泛关注。随着这束小花的开放，各大媒体一个又一个专栏评论接踵而生了。报纸包括广播电视评论出现了空前活跃、百花齐放、生动活泼的局面。在《人民日报》上，除了一版的"今日谈"，其他各个新闻版也都办起了专栏评论，过去有"市场随笔""长话短说""编余短论""漫话"等，以后又有"人民论坛""采访随想""人民时评""现场评论"等，可谓繁花似锦，琳琅满目。为了增强媒体的权威性、影响力，各大媒体还相继增设了评论版面和版块，新闻评论的影响更是深入人心。

不难看出，新闻评论的话题越来越宽展，新闻评论的参与者越来越广泛，新闻评论品质的提高也越来越紧迫。特别是不断扩展的新闻评论天地，更多的是呼唤更为广泛的公众参与，更多的是向基层延伸的评论话题，更多的是生动活泼的行文技法，因此有必要进一步解析新闻短论与新闻评论以及古代史论的同与不同，有必要进一步研究明晰新闻短论的特点、选题和写作艺术，以及短论写作者的素养提升等，而这一切都是国学与新闻学研究的重要门类，也是以优秀传统文化滋养新闻实践、以古文论启迪新闻写作的又一重要课题。如人物、纪事、特写等研究专著一样，本专著仍以古今实例开路，在理论提升上追求新的别样目标，努力探索新闻短论发展新轨迹。

先说新闻短论与社论、评论员文章、短评的不同，如前所说，社论、评论员文章、短评在职能上代表编辑声音，亦即代表同级党委的声音，用新闻评论的形式，通过新闻媒体传播党的指示精神，号召和鼓动群众，推进各项工作。那么主题就非常重大，写作也要字正腔圆，虽然力求避免空洞枯燥，但看上去就是也必须是高大上的面孔。而短论就不同了，这些署名的专栏评论，因为是个人创作，千人千文，千文千面，各有各的味道，各有各的风格，立论各显见地，论辩各有千秋，文笔各尽风骚，有的还蕴含杂文风姿，尽显故事风韵，故每篇文章的个性都较为突出。

这里不妨以《人民日报》20世纪80年代初发表的两篇新闻评论为例，一篇是以"本报评论"推出的《不做表面文章》，不用说，正是代表编辑部的声音，由专业评论员完成；而另一篇《一条标语引起的联想》发表在"今日谈"栏目，为专栏个人署名评论，从内容和形式，主题大小，以及行文风格上，都会明显地比较出评论员文章与专栏署名评论的不同之处。

先看"本报评论"：

不做表面文章

在整党中，我们要整掉工作中的一个老毛病：做表面文章。

表面文章，式样繁多，略举一二：

事无巨细都要开会。座谈会、表彰会、发奖会、庆祝会、经验交流会、纪念会、新年春节茶话会，名目越来越多，规模越来越大，吃喝标准越来越高。当然，很多会是要开的，很多会其实是不必开的。

大事小事都发文件。等因奉此，照抄照转。一二三四、甲乙丙丁、"必须指出"、"还应注意"。有些文件解决问题甚少，浪费纸张和阅读者的时间很多。

统计报表满天飞。名目庞杂，令人眼花缭乱，听报告多少人次，鸡生蛋个十百千，难杀填表人，苦杀看表人。

如此这般，热热闹闹，多是表面文章。表面文章，又名官样文章，是封建官僚的拿手好戏，是资本主义社会也很流行的伎俩。在旧社会当官，专做这类官场游戏，是作为进一步升迁的敲门砖。

我们共产党，是为人民服务的。我们的政府，是务实的政府。我们的现代化事业，是一步一个脚印的扎扎实实的事业。我们办事要讲求实际，力戒浮夸，杜绝形式主义，打倒花架子。我们提倡深入第一线，调查研究，实实在在地去解决问题。做表面文章的人少了，解决实际问题的人多了，我们的事业才有希望。

(《人民日报》1984年5月3日)

再看"今日谈"：

一条标语引起的联想

最近，在熙熙攘攘的北京西单路口，看到一个醒目的标语牌，上写两行美术字:"为了您的幸福,请注意交通安全"。

写得多妙呀!在这闹市之中,成千上万的行人看到这两行美好的文字,会为之心动。

多年以来,这类标语总是教训式、命令式的,仿佛不如此就发挥不了作用。现在这么一改,内容没有变,用了一个"请"字,一个"您"字,体现了对人的尊重,谁能不受感染铭记在心呢?

由此想到,若是机关的会客办法、旅馆的住宿规则、图书馆的借阅制度、影剧院的观众须知,等等,多用一些谦和的文字,少用一些令人生畏的字眼,不是于"五讲""四美"新风的树立大有裨益吗?

(《人民日报》1981年1月26日　作者:鹿耀世)

一篇是编辑部发声,代表党和政府的声音;一篇是署名文章,发出的是作者本人的意见。从标题就能体现出来,代表党和政府的声音,是发号召、提要求的,而个人文章只是提建议、发感慨、透心声的;从内容看,评论论点极其鲜明,不做表面文章,不用说就是在发号令、做指示,而论述起来也是拉开架势,先摆出表面文章的花样繁多,比如"事无巨细都要开会""大事小事都发文件""统计报表满天飞",然后展开论证,旗帜鲜明地指出"表面文章,又名官样文章,是封建官僚的拿手好戏⋯⋯在旧社会当官,专做这类官场游戏,是作为进一步升迁的敲门砖"。接下来正面强调:"我们共产党,是为人民服务的。我们的政府,是务实的政府⋯⋯我们办事要讲求实际,力戒浮夸,杜绝形式主义⋯⋯做表面文章的人少了,解决实际问题的人多了,我们的事业才有希望。"既指出做表面文章的危害,又提出反对做表面文章的态度和要求，可谓高大上的议论文。发表在"今日谈"上的专栏署名文章则轻快多了，说的就是一条标语的新鲜事，谈的就是作者自己的心里话：在熙熙攘攘的北京西单路口，看到一个醒目的标语牌，上写两行美术字："为了您的幸福，请注意交通安全"。接着有感而发："写得多妙呀！在这闹市之中，成千上万的行人看到这两行美好的文字，会为之心动。""一个'请'字，一个'您'字，体现了对人的尊重，谁能不受感染铭记在心呢？"然后引发一点联想，即如果公众场所的标语提示类文字，多用一些谦和字眼，少一些令人生畏的生硬，就会让人铭记在心。随后自然而然地引出一句设问："不是于'五讲''四美'新风的树立大有裨益吗？"算是将短论主题往高处提升了一点。

　　由上述两例分析来看，新闻评论中的"老三类"（社论、评论员文章、短评）等，往往是内容丰厚，主题重大，论点、论据俱全，论证缜密周详，极具思辨性和感染力。不用说，这种评论形式基本是报社编辑、评论员耕耘的园地，即由经过培训的专业人才承担。名目繁多的专栏评论，即个人署名评论就不同了，首先涉及内容非常广泛，大至国家大事，小到个人见闻，都可以议论。在于宁、李德民《怎样写新闻评论》看来，许多问题，发社论或评论员文章，发短评，甚至发编者按，都言重了，用个人署名的形式在专栏里评论一番，却是较为得体。另外一点，专栏评论多为开放式公共专栏，像《人民日报》的"今日谈""人民论坛""人民时评"等，都是自由投稿，择优刊选，这就为业余评论作者提供了广阔的天地。在篇幅上看，专栏评论有两类，一类为三五百字的"微型评论"，如"今日谈""编余短论""采访随想""采访札记"等；另一类是"千字文"，如"人民论坛""人民时评""下乡手记"等，有的也就七八百字，顶多千余字。特别是形式上多为有感而发，一事一议，如《一条标语引起的联想》，便是作者随手拈来，事无大小，挥笔而成，说心里话，言百姓事，畅所欲言，无所禁忌，轻松自在。

说到新闻短论，有新闻评论专著将一千多字的社论，以及千字以内的评论员文章定义为短论，窃以为，比较一事一议的"微型评论"或"专栏署名评论"而言，篇幅缩短了的社论、评论员文章，以及短评等新闻评论"老三类"等，不宜归类于短论，如果硬要有个说法的话，那些缩短了的新闻评论"老三类"等也只能称其为短评。评者，评价，评判，以评为主；论者，分析和说明道理，以论为主。从字面上看也有所偏重，有所不同。这就如同大人和孩子之称的区别，大人个子再矮小，也是大人，不能叫小孩；小孩子个子再高，也不能称其为大人，年龄性情使然也。既为小孩，纵然个子大点，也不应该强学大人的样子，拿腔捏调，说些令人生厌的大话，而只要尽情表现自己可爱的天性就行了。短评也是如此，压缩了的新闻评论"老三类"等，依然是端庄方正的"大人"，而不能混同于娇小灵性的"小孩子"似的短论，其短论也要始终表现接地气的本性，而不要硬向"老三类"靠拢，去承担过多的要论职能。上面所举两例也足以说明，《不做表面文章》为评论员文章，全文仅五百多字，篇幅够短小了，但它论题重大，又为本报评论员文章，再压缩也还是代表编辑部意见的新闻短评，而不能归类于专栏署名性质的微型新闻短论。短论就是各方公认的专栏署名评论，是面向大众，切口小，论题单一，一事一议，事清理明，论到而止，如"今日谈"《一条标语引起的联想》便是如此。

正是基于专栏署名评论内容的广泛，无论国家大事，还是个人见闻，都可以有感而发，议论一番，而且栏目开放，面向各方面人士，上至中央领导同志，下至基层干部，学者名流，工农商学兵，自然也包括新闻记者在内，都可以各抒己见，加上篇幅短小，文无定式，潇洒自如，故特受各方青睐。所以，笔者特将此等专栏署名评论定性为新闻短论，而且积极参与其中，多有短论篇什登上颇受读者喜爱的党中央机关报的诸多署名栏目，深感对自己新闻业务提升，扩大采访视野，增强新闻敏感，挖掘新闻深度，增强新闻作品感染力和可读性大有裨益，由此也由衷倡导广大新闻记者多动脑动手，多思多想，多写新闻短论，多为新闻评论园地增添异彩。

专栏署名评论是放下身段的新闻评论，为新闻短论开辟了广阔天地，文章一进专栏评论，作者彼此便平起平坐，平等讨论，领导者口吻、指令性语言大为减少，民主气氛变得活跃，大小事只要事关国家和群众利益，大家都可以发表自己的想法和看法，发发议论，说说意见，甚至彼此引起讨论，则理越辩越明，越辩越会引起读者关注，也愈加深入人心。正如于宁、李德民《怎样写新闻评论》著述中所列举的《一条标语引起的联想》，因为说的是群众身边小事，又是栏目公开的署名评论，凡事有所感，皆可发声，于是既有"联想"者，又有对"联想"所引起的感慨。且看《一条标语的补遗》又登上了《人民日报》"今日谈"，对"联想"进而展开了畅想式讨论：

> 读《今日谈》专栏得知，北京西单路口最近出现一条标语："为了您的幸福，请注意交通安全"。这条标语确实很美，体现了一种新风。但仔细想想，似乎意犹未尽。
>
> 交通安全，与个人幸福密切相关。但又不仅仅关系个人幸福，也关系他人幸福。如果在马路上横冲直撞，发生交通事故，不仅

会给自己带来不幸，还会给其他人甚至许多人造成不幸。因此，我建议改为："为了您和他人的幸福，请注意交通安全"。

……

在我们的国家里，人与人之间的关系应该是同志式的。当您追求个人的幸福时，不能妨碍和破坏他人的幸福。同时，更应该提倡自觉地为他人造福，为人民服务，要把个人的幸福融进人民大众幸福的海洋里。这样，社会主义精神文明之花才能开遍祖国大地。

（《人民日报》1981年11月12日　作者：张万象　略有删节）

惊涛骇浪是壮阔之美，微风涟漪为纤细之艳。短评登高一呼"不做表面文章"，有号令千军动力，一条标语"联想"呼唤之余，又引起"补遗"续貂，岂不更为耐人寻味。一个"请"字，一个"您"字，体现了对人的尊重，已让人心动；但"联想"又让人意犹未尽，似应更进一步考虑他人幸福，自觉地为他人造福。于是有了《一条标语的补遗》，提出："我建议改为：'为了您和他人的幸福，请注意交通安全。'"这样一来更为全面，让更多人感到温暖，其社会效应自然更大。据于宁、李德民著述中介绍，当时，北京市有关部门采纳了这位作者的建议，把标语改成现在这个样子。如今，这条标语早已成为妇孺皆知的"走红标语"，一代人又一代人传承下来，在全国各地开花结果。由此观之，"今日谈"论说的是最新的事，也是百姓身边的事，而且评论者相互切磋，拾遗补阙，如春风细雨，润物无声，很容易打动人心，产生共鸣。

一条标语之所以能够让人心动，关键在要有"心"，用心拟出贴心的话语，用心想着他人的幸福，以心换心，真正"走心"，才会打动人心。这一点，让笔者想到自己在"心"字上的深切感悟，亦曾一而再再而三地围绕着"心"的话题，写出了多篇署名微型短论，有"今日谈"，也有"人民论坛"。且看：

关键是"有心"（今日谈）

"紧握您的手，接您回家过年创业！"一入腊月，每天火车站、汽车站都有几十辆大巴，接送打工归来的农民工。这项活动在安徽阜阳已开展了四年。当初拟定的标语是"接你回家"，市委领导同志表示："'你'字下面要加个心！干部必须对百姓有心！"

一字之改的背后，是干部对百姓的态度之别，是干部心中百姓的分量之重。改动一字并不难，难的是真的有了这个心。数以百计的志愿者为回乡农民工服务，一两百家机关企事业单位为农民工提供信息，还请农民工参观家乡新变化，面对如此贴心的服务，许多农民工有了回家创业的想法和行动。实践表明，干部对百姓有了"心"，就有了热乎劲，就有了亲和力。

春节前夕，习近平总书记在陕西梁家河调研时深情地说，当年自己在这里一待7年，人走了，但"把心留在了这里"。对百姓有心，对群众有感情，乃至以百姓之心为心，焉能做不好为百姓的事？何愁不能赢得百姓的心？

（《人民日报》2015年2月22日）

说来凑巧，笔者这篇"今日谈"短论也是由一条标语引出的，而共同点都巧在"心"字上。干部用心为百姓服务，新闻工作者用心感悟，两心共一心，才有了《关键是"有心"》。安徽阜阳是全国出了名的"农民工"大市,走出去赚钱是好事,让农民工赚了钱回乡发展,是市领导最大的期盼。如何变心愿为行动,靠行政命令肯定不行,那就要靠行动感召,市里连续多年开展接送农民工回家过年的活动,打出的标语也是用情用意:"当初拟定的标语是'接你回家'",后来改为"接'您'回家",短论由新近发生的事实引起,又以市委书记的话道出论点:市委领导同志表示:"'你'字下面要加个心!干部必须对百姓有心!"经过简洁而富有情理的论证,短论得出结论:实践表明,干部对百姓有了"心",就有了热乎劲,就有了亲和力。接着短论进一步拓展,联系习近平总书记当年春节前夕到梁家河调研时的动情话语,"人走了,但'把心留在了这里'",从而顺理成章地引申到干部要对百姓有心,就必须以百姓之心为心,唯此才能真正做好百姓关心的事,也才能真正赢得百姓的心。

关于"心"的短论话题,笔者还有几篇巧妙文章,比如《"向下"就是向民心》(《人民日报》2013年8月4日)、《靠"薪"更靠"心"》(《人民日报》2010年6月18日),前者为"今日谈",后者为"人民论坛",都是在采访时遇到的令人为之心动的事实,然后心动带起手动,有感而发,写下了令读者为之心动的短论。此两"心"之短论有的在下面的篇章中还会论及,在这里就不再展开分析了。

古今比较，为什么说记者要写点短论

短论从古代论说文中走来

  清代乾隆年间姚鼐的《古文辞类纂序》将古文分为十三类，除序跋、奏议、赠序、诏令、传状、碑志、箴铭、颂赞等，那论辩、书说、杂记类理应归于议论文之列，有的就是依据事实而论，理当属于新闻评论系列，有的还就应归于新闻短论之类。姚鼐谈及"论辩""书说""杂记"时说："论辩类者，盖原于古之诸子，各以所学著书诏后世。孔、孟之道与文，至矣。自老、庄以降，道有是非，文有工拙。"又及"书说类者，昔周公之告召公，有《君奭》之篇。春秋之世，列国士大夫或面相告语，或为书相遗，其义一也"。再及"杂记类者，亦碑文之属。碑主于称颂功德，记则所纪大小事殊，取义各异"。在上述以议论为主的三类古文辞中，可以看出，姚鼐皆认为言论是古文中最重要的门类，有"为国谋者"之政论性文章，又有借事而议的短论，总体虽"文有工拙"，但皆为明辩"道有是非"，"取义各异"，最终是"以资来者"。其实，在古文中，说起短论，还不止论辩、书说、杂记三类，就是赠序、传状、碑志，甚或奏议、诏令、序跋中，也有太多的精彩短论，比如韩愈《张中丞传后叙》、苏轼《凌虚台记》等，其中都有依据事实而引发的绝妙议论，其实就是今天所说的新闻短论，只不过是插在文中，好似当今新闻按语而已。正因为此，姚鼐在《古文辞类纂序》说到奏议、书说、杂记等古文类，特别提到韩愈、柳宗元、欧阳修、苏轼、王安石等唐宋古文八大家,称之为"文无所谓古今也,惟其当而已。""知其所以当,则于古虽远,而于今取法,如衣食之不可释"。事实也确如此,韩愈、柳宗元、欧阳修、苏洵、苏轼、苏辙、王安石、曾巩唐宋八大家,不光人物、纪事、特写等古文精妙传神,就是短论古文等亦是思想品质俱佳,是今天新闻短论可"取法"之典范。这在后面的有关论述中将会有所引入论证,从中会看到,古文大家的短论,亦如当今新闻评论和新闻短论,凡所议之事,所辩之理,都是为了明辨"道"之是非,揭示"义"之不同,使之"如衣食之不可释"。

追溯新闻评论的源远流长,有必要谈谈中国著名记者、新闻评论家和新闻学家徐铸成先生的观点,他在《漫谈新闻和新闻评论》(选自《新闻丛谈》1983年版)中说道,中国是有悠久的、优良的新闻传统的。广义地说,从有文字以来,我国就有新闻记载了。古人说,"六经皆史"。徐铸成由此还戏称,六经皆报,不过时间性差一点,可称是月刊、年刊或新闻汇编。徐铸成说,司马迁是我国古代卓越的史学家、断代史鼻祖,也是优秀的新闻工作者,还是过硬的新闻评论家,《史记》里记载的人和事,都是当时的新闻事实,而且都大胆直书,忠实记载,并在"本纪""世家""列传"的后面,写一段"太史公曰",对此人此事,作简要概括的评议,可以说为后代的史论、新闻评论开创了先例,树立了典范。

徐铸成还谈到司马光编写的《资治通鉴》,不光开编年史先河,而且把千余年的历史,删繁就简,去伪存真,着眼在"资治",使读者以古为鉴,借古喻今,警示后世。写的虽是旧闻,但仍属新闻本义,人和事都是历史事实,不是虚构,而且在当时也就是新闻事实啊。由此而言，司马光亦不失为一个卓越的新闻工作者，同时他还运用夹叙夹议的手法，在紧要处写上一段"臣光曰"，发挥史论——新闻评论的传统优点。由此，徐铸成又讲到"明末清初四大启蒙思想家"之一的王夫之，因为撰写了《读通鉴论》，被世人称为新闻评论家的杰出代表。读史而知，王夫之（1619年—1692年），字而农，号姜斋，又号夕堂，晚年自署船山病叟，故学者多称其为"船山先生"，湖广衡州府衡阳县（今湖南省衡阳）人。王夫之与顾炎武、黄宗羲、唐甄并称"明末清初四大启蒙思想家"，著有《周易外传》《黄书》《尚书引义》《永历实录》《春秋世论》《噩梦》《读通鉴论》《宋论》等书。特别是《读通鉴论》，那是王夫之毕其一生心血所成，从69岁开始动笔写作，虽然久病缠身，仍倾力著述，细心研读《资治通鉴》，结合当时社会现实，系统地评论自秦至五代之间千余年的封建社会历史，分析历代成败兴亡，盛衰得失，臧否人物，借事论理，引古鉴今，总结经验，探求历史发展规律，全面而系统地反映了王夫之进步的历史观和政治思想倾向。经过四年苦拼，终于在其逝世前一年，即1691年，这部60余万字的皇皇巨著才宣告完成。全书分为30卷，每卷之中以朝代为别，每代之中以帝王之号为目，目下又分作若干短篇，每篇冠以鲜亮标题，从几百字到一两千字。可以说，篇篇文采飞扬，论点鲜明，词严意赅，议论纵横，每篇都有新意，堪称传统史论中最精彩的杰作，更为新闻评论特别是新闻短论，提供了绝佳范本。

难怪徐铸成对此推崇备至，奉为至宝，他在《我是怎样开始写新闻评论的》一文中，动情地介绍了自己学写新闻评论时对经典短论的感悟："1932年春，……我开始细读《资治通鉴》，并推及《史记》《汉书》等前四史及《晋书》，以后，还逐篇读了王船山（即王夫之）的《读通鉴论》

和《宋论》，从而理解到读这些书籍，是新闻工作者的必修科目，因为历史知识也像地理、国际、政治、科学知识一样，是记者知人论世必备的常识。而且，历史，是昨天、前天的'新闻'，史论，则是对昨天、前天'新闻'的评议，和新闻工作更有密切的关系，并可从中借鉴，吸取他们推理、论断的方法，学习他们精练的笔法。"（选自《新闻丛谈》1983年版）

徐铸成先生所说的《读通鉴论》《宋论》，以及《史记》《资治通鉴》《汉书》《晋书》，包括欧阳修独自撰写的《新五代史》和主修的《新唐书》等，与众多古文大家非新闻或旧闻等事实类的论说文就不同了，这些著述中所辑录的都是历史事实，虽是旧闻，但仍是昨天或前天的新闻，仍属新闻范畴，所作议论依然是在新闻事实上的议论，是在具有深刻意义的事实上的分析评论，为的是借事喻理，以理服人，载道而以济世。这一切无不说明，史学家和借旧闻而作评论的大家之论，理所当然地应该归类于新闻事实评论，简言之为新闻评论，或新闻短论之列。此处不妨以有关封建制与郡县制之优劣的议论，看看柳宗元、王夫之在同一议题上的论断之别，进而学习他们是如何借用历史事实，进一步明观点、巧笔法、取道义，以警后世。同时，在分析的基础上，再来看看，古代政论文与当今新闻评论"老三类"，以及笔者所评析的新闻短论之区别所在。先看看柳宗元的《封建论》。

  天地果无初乎？吾不得而知之也。生人果有初乎？吾不得而知之也。然则孰为近？曰：有初为近。孰明之？由封建而明之也。彼封建者，更古圣王尧、舜、禹、汤、文、武而莫能去之。盖非不欲去之也，势不可也。势之来，其生人之初乎？不初，无以有封建。封建，非圣人意也。

彼其初与万物皆生，草木榛榛，鹿豕狉狉，人不能搏噬，而且无毛羽，莫克自奉自卫。荀卿有言：必将假物以为用者也。夫假物者必争，争而不已，必就其能断曲直者而听命焉。其智而明者，所伏必众，告之以直而不改，必痛之而后畏，由是君长刑政生焉。故近者聚而为群。群之分，其争必大，大而后有兵有德。又有大者，众群之长又就而听命焉，以安其属。于是有诸侯之列，则其争又有大者焉。德又大者，诸侯之列又就而听命焉，以安其封。于是有方伯、连帅之类，则其争又有大者焉。德又大者，方伯、连帅之类又就而听命焉，以安其人，然后天下会于一。是故有里胥而后有县大夫，有县大夫而后有诸侯，有诸侯而后有方伯、连帅，有方伯、连帅而后有天子。自天子至于里胥，其德在人者，死必求其嗣而奉之。故封建非圣人意也，势也。

夫尧、舜、禹、汤之事远矣，及有周而甚详。周有天下，裂土田而瓜分之，设五等，邦群后，布履星罗，四周于天下，轮运而辐集，合为朝觐会同，离为守臣扞城。然而降于夷王，害礼伤尊，下堂而迎觐者。历于宣王，挟中兴复古之德，雄南征北伐之威，卒不能定鲁侯之嗣。陵夷迄于幽、厉，王室东徙，而自列为诸侯。厥后问鼎之轻重者有之，射王中肩者有之，伐凡伯、诛苌弘者有之。天下乖戾，无君君之心。余以为周之丧久矣，徒建空名于公侯之上耳！得非诸侯之盛强，末大不掉之咎欤？遂判为十二，合为七国，威分于陪臣之邦，国殄于后封之秦，则周之败端，其在乎此矣。秦有天下，裂都会而为之郡邑，废侯卫而为之守宰，据天下之雄图，都六合之上游，摄制四海，运于掌握之内，此其所以为得也。不数载而天下大坏，其有由矣。亟役万人，暴其威刑，竭其货贿；负锄梃谪戍之徒，圜视而合从，大呼而成群；时则有叛人而无叛吏，人怨于下，而吏畏于上，天下相合，杀守劫令而并起。咎在人怨，非郡邑之制失也。汉有天下，矫秦之枉，徇周之制，剖海内而立宗子，封功臣。数年之间，奔命扶伤而不暇，困平城，病流矢，陵迟不救者三代。后乃谋臣献画，而离削自守矣。然而封建之始，郡国居半，时则有叛国而无叛郡，秦制之得，亦以明矣。继汉而帝者，虽百代可知也。唐兴，制州邑，立守宰，此其所以为宜也。然犹桀猾时起，虐害方域者，失不在于州，而在于兵，时则有叛将而无叛州，州县之设，固不可革也。

或者曰："封建者，必私其土，子其人，适其俗，修其理，施化易也。守宰者，苟其心，思迁其秩而已，何能理乎？"余又非之。周之事迹，断可见矣：列侯骄盈，黩货事戎，大凡乱国多，理国寡，侯伯不得变其政，天子不得变其君，私土子人者，百不有一。失在于制，不在于政，周事然也。秦之事迹，亦断可见矣：有理人之制，而不委郡邑是矣；有理人之臣，而不使守宰是矣；郡邑不得正其制，守宰不得行其理；酷刑苦役而万人侧目。失在于政，不在于制，秦事然也。汉兴，天子之政行于郡，不行于国；制其守宰，不制其侯王。侯王虽乱，不可变也；国人虽病，不可除也。及夫大逆不道，然后掩捕而迁之，勒兵而夷之耳。大逆未彰，奸利浚财，怙势作威，大刻于民者，无如之何。及夫郡邑，可谓理且安矣。何以言之？且汉知孟舒于田叔，得魏尚于冯唐，闻黄霸之明审，睹汲黯之简靖，拜之可也，复其位可也，卧而委之以辑一方可也。有罪得以黜，有能得以赏，朝拜而不道，夕斥之矣；夕受而不法，朝斥之矣。设使汉室尽城邑而侯王之，纵令其乱人，戚之而已。孟舒、魏尚之术，莫得而施；黄霸、汲黯之化，莫得而行。明谯而导之，拜受而退已违矣。下令而削之，缔交合从之谋，周于同列，则相顾裂眦，勃然而起。幸而不起，则削其半。削其半，民犹瘁矣。曷若举而移之以全其人乎？汉事然也。今国家尽制郡邑，连置守宰，其不可变也固矣。善制兵，谨择守，则理平矣。

或者又曰："夏、商、周、汉封建而延，秦郡邑而促。"尤非所谓知理者也。魏之承汉也，封爵犹建；晋之承魏也，因循不革。而二姓陵替，不闻延祚。今矫而变之，垂二百祀，大业弥固，何系于诸侯哉？

或者又以为："殷、周，圣王也，而不革其制，固不当复议也。"是大不然。夫殷周之不革者，是不得已也。盖以诸侯归殷者三千焉，资以黜夏，汤不得而废；归周者八百焉，资以胜殷，武王不得而易。徇之以为安，仍之以为俗，汤、武之所不得已也。夫不得已，非公之大者也，私其力于己也，私其卫于子孙也。秦之所以革之者，其为制，公之大者也；其情，私也。私其一己之威也，私其尽臣畜于我也。然而公天下之端，自秦始。

夫天下之道，理安斯得人者也。使贤者居上，不肖者居下，而后可以理安。今夫封建者，继世而理。继世而理者，上果贤乎？下果不肖乎？则生人之理乱，未可知也。将欲利其社稷，以一其人之视听，则又有世大夫世食禄邑，以尽其封略。圣贤生于其时，亦无以立于天下，封建者为之也。岂圣人之制使至于是乎？吾固曰：非圣人之意也，势也。

（［清］姚鼐《古文辞类纂》）

这是唐代文学家柳宗元创作的一篇政论文。政论文者，从政治角度阐述和评论重大事件或社会等问题，提出见解或主张并说明理由，为政权稳固、时世发展所服务。政论文体裁广泛，有社论、政论、驳论、杂文等，其特点在于社会性和论战性。《封建论》正是这样一篇经典的政论文，其中心论题是："封建制"存废以及与郡县制相互比较孰优孰劣。作者认为，"封建非圣人意也，势也"，这里所说的"势"，并不是指客观规律或客观形势，而是指由众人的愿望造成的趋势。第一部分的论述，正是全文的总观点，由它统率全文，别开生面，气势磅礴。接着，作者以史实为论据，从"夫尧、舜、禹、汤之事远矣"至"善制兵、谨择守，则理平矣"，用了绝大部分篇幅，比较分封制与郡县制之优劣，以无可辩驳的力量，雄辩地证明一个道理："今国家尽制郡邑，连置守宰，其不可变也固矣。善制兵，谨择守，则理平矣。"在立论雄辩的基础上，作者又用了两段锋芒毕露的驳论，指出所谓"夏、商、周、汉封建而延，秦郡邑而促"是"尤非所谓知理者也"；"殷、周，圣王也，而不革其制，固不当复议"是"大不然"。经过立论和驳论几番论证，得出的结论是唯郡县制能够"善制兵，谨择守，则理平"，最后一段文字是论证结果，结论是"夫天下之道，理安斯得人者也。使贤者居上，不肖者居下，而后可以理安"。而"封建制"不行，"今夫封建者，继世而理；继世而理者，上果贤乎，下果不肖乎？"世袭的封建制，是继世而理，一代一代地世袭下去，无所选择，很难得到贤君，更无法保证在下所统管的为贤良之辈。《封建论》的写作背景是，时值中唐时期，藩镇割据愈演愈烈，各地藩镇极力鼓吹恢复周以前的封建制度，反对中央集权的郡县制度，目的是为自己的割据制造舆论，这直接影响到时局稳定和政权巩固。针对这种情况，作者在永贞革新失败、被贬永州后，写下了这篇政论文，全面而深刻地表达了自己的政治主张。

由此而知，政论文是高大上的社论，或者称为评论员文章，其作用是直接影响政治大局，其写作方法也是各种技巧全面使用，主题大、技巧多、篇幅长，是此类议论文的特点。柳宗元的《封建论》具有如上特点，故可称为政论，亦可称为社论、评论员文章，或称为短评，而这与本书所要剖析的短论有所不同。短论者，切口较小，论点单一，一事一议，短小精悍。如果单说新闻短论，还要加上一条，即新闻在前，而后据新闻事实而论之。其实在古代，高大上的政论文有之，短小精悍的短论亦有之，与新闻短论相匹配的据实而论的短论同样有之。比如在"封建"与"郡县"之争的论题上，有柳宗元气势磅礴的政论文《封建论》，也有王夫之据《资治通鉴》史实而议的短论《变封建为郡县》，虽是据史实旧闻而论，却与新闻短论相通。此处且引来作以比较。

两端争胜，而徒为无益之论者，辨封建者是也。郡县之制，垂二千年而弗能改矣，合古今上下皆安之，势之所趋，岂非理而能然哉？天之使人必有君也，莫之为而为之。故其始也，各推其德之长人、功之及人者而奉之，因而尤有所推以为天子。人非不欲自贵，而必有奉以为尊，人之公也。安于其位者习于其道，因而有世及之理，虽愚且暴，犹贤于草野之罔据者。如是者数千年而安之矣。强弱相嗜而尽失其故，至于战国，仅存者无几，岂能役九州而听命于此数诸侯王哉？于是分国而为郡县，择人以尹之。郡县之法，已在秦先。秦之所灭者六国耳，非尽灭三代之所封也。

则分之为郡，分之为县，俾才可长民者皆居民上以尽其才，而治民之纪，亦何为而非天下之公乎？

古者诸侯世国，而后大夫缘之以世官，势所以必滥也。士之子恒为士，农之子恒为农，而天之生才也无择，则士有顽而农有秀；秀不能终屈于顽，而相乘以兴，又势所必激也。封建毁而选举行，守令席诸侯之权，刺史牧督司方伯之任，虽有元德显功，而无所庇其不令之子孙。势相激而理随以易，意者其天乎！阴阳不能偏用，而仁义相资以为亨利，虽圣人其能违哉！选举之不慎而守令残民，世德之不终而诸侯乱纪，两俱有害，而民于守令之贪残，有所籍于黜陟以苏其困。故秦、汉以降，天子孤立无辅，祚不永于商、周；而若东迁以后，交兵毒民，异政殊俗，横敛繁刑，艾削其民，迄之数百年而不息者亦革焉，则后世生民之祸亦轻矣。郡县者，非天子之利也，国祚所以不长也；而为天下计，则害不如封建之滋也多矣。呜呼！秦以私天下之心而罢侯置守，而天假其私以行其大公，存乎神者之不测，有如是夫！

世其位者习其道，法所便也；习其道者任其事，理所宜也。法备于三王，道著于孔子，人得而习之。贤而秀者，皆可以奖之以君子之位而长民。圣人之心，于今为烈。选举不慎，而贼民之吏代作，天地不能任咎，而况圣人！未可为郡县咎也。若夫国祚之不长，为一姓言也，非公义也。秦之所以获罪于万世者，私已而已矣。斥秦之私，而欲私其子孙以长存，又岂天下之大公哉！

（《读通鉴论》卷一·秦始皇·一）

细读之后不难发现，王夫之《变封建为郡县》与柳宗元《封建论》

虽都以论为主，说的都是郡县与封建的优与劣，但又有诸多不大相同之处，一是柳宗元的政论文是根据社会现象和问题自选主题，并且通过第一段的论述，引出了"封建，非圣人意也"，是势之所以然，然后再通过大量论据，证明郡县制优于封建制，目的在于倡导郡县制，而反对分封制，进而反对藩镇割据，其主题重大，事关社会发展大势；而王夫之短论则直接取之于史实，《资治通鉴卷七·秦纪二·始皇帝下》记载"及始皇并天下……分天下为三十六郡，郡置守、尉、监"，王夫之对此有感而发，一事一议，不及其他。二是王夫之只抓取了郡县制选贤任能一点加以议论，而没有像柳宗元那样全面比较分析两种制度孰优孰劣。三是在柳宗元看来，"贤者居上，不肖者居下，而后可以理安"，这是他作了大量辨析之后得出的结论，既有正论，又有驳论，技法多样，论点交叉，纵横捭阖，意义深远；而王夫之短论只论及郡县制的选贤任能，认为唯此才能实现"俾才可长民者皆居民上以尽其才"，论点单一，事清理明，戛然而止。四是篇幅比较亦显著不同，柳文长达两三千字，而王夫之短论仅七八百字，可见短论与政论长短有别。

其实在古代言论方面，远远不止这些历史经典，就是唐宋八大家也在短论上有着极大创新发展。他们主张"文以载道""文以明道"，追求著有用之文，济世致用。所以不光在人物撰写上注重写活人物，以人喻事，就是在纪事或特写短篇上也是注重借事喻理，以事明道，那么对于直接借事论理上，他们更是对于政论或短论情有独钟。特别是各类短论，唐宋八大家尤为看重，并身体力行，各有传世之作。姚鼐在其《古文辞类纂》中辑录了大量此类短论，但有所不同的是，在今天由新闻派生评论，又由新闻评论派生出的新闻短论而言，唐宋八大家众多短论名篇就需有所分类而言了。新闻短论如同新闻评论一样，是就新闻事实而论，而且是一事一议，那么古文中的短论，其特性就不完全等同于新闻短论，在这方面有必要对一些名篇作些比较，方能从中得到更为有力的启迪。

韩愈作为古文运动的领袖人物，有"文章巨公"和"百代文宗"之名，一生著述颇丰，在大量的赋、杂著、书、启、序、碑志，以及杂文、状、表中宣扬仁义之理，讲求治世之道，践行"文道合一"及"词必己出"，复古崇儒，抵排异端，直抒胸臆。在短论上更有众多锋如匕首的短论篇章，如《讳辩》《杂说》等。先说《讳辩》，这是韩愈的一篇议论文，因为是针对当时发生的一件实事，亦即新闻事实而激起的论辩之作，篇幅短小，论说有力，感人至深，理应归于新闻短论。事实是，当时著名诗人李贺由参与河南府试的韩愈力荐，本可早登科第，振其家声，但妒才者放出流言，谓李贺父名"晋肃"，"晋"与"进"犯"嫌名"，因此李贺不能参加进士科考，以致前途受到影响。韩愈对此十分愤慨，于是写下这篇文章来论辩此事，表达了他反对将"避讳"搞得太泛滥的政治主张：

> 愈与李贺书，劝贺举进士。贺举进士有名，与贺争名者毁之，曰："贺父名晋肃，贺不举进士为是，劝之举者为非。"听者不察也，和而唱之，同然一辞。皇甫湜曰："若不明白，子与贺且得罪。"愈曰："然。"
>
> 律曰："二名不偏讳。"释之者曰："谓若言'征'不称'在'，言'在'不称'征'是也。"律曰："不讳嫌名。"释之者曰："谓若'禹'与'雨'、'邱'与'蓲'之类是也。"今贺父名晋肃，贺

举进士，为犯二名律乎？为犯嫌名律乎？父名晋肃，子不得举进士；若父名"仁"，子不得为人乎？

夫讳始于何时？作法制以教天下者，非周公、孔子欤？周公作诗不讳，孔子不偏讳二名，《春秋》不讥不讳嫌名。康王钊之孙，实为昭王。曾参之父名晳，曾子不讳"昔"。周之时有骐期，汉之时有杜度，此其子宜如何讳？将讳其嫌，遂讳其姓乎？将不讳其嫌者乎？汉讳武帝名"彻"为"通"，不闻又讳车辙之"辙"为某字也；讳吕后名"雉"为"野鸡"，不闻又讳治天下之"治"为某字也。今上章及诏，不闻讳"浒""势""秉""机"也。惟宦官宫妾，乃不敢言"谕"及"机"，以为触犯。士君子言语行事，宜何所法守也？今考之于经，质之于律，稽之以国家之典，贺举进士为可耶？为不可耶？

凡事父母，得如曾参，可以无讥矣。作人得如周公、孔子，亦可以止矣。今世之士，不务行曾参、周公、孔子之行，而讳亲之名，则务胜于曾参、周公、孔子，亦见其惑也。夫周公、孔子、曾参，卒不可胜；胜周公、孔子、曾参，乃比于宦者、宫妾，则是宦者、宫妾之孝于其亲，贤于周公、孔子、曾参者耶？

（〔清〕张伯行选编《唐宋八大家文钞》）

封建社会对君主与尊长的名字不能直接说出或直接写出来，叫作"避讳"。这在唐朝成了一种极坏的社会风气，成了人们言行的精神枷锁。李贺字长吉，才气横溢，少年成名，唐朝中期浪漫主义诗人，有"太白仙才，长吉鬼才"之说，与李白、李商隐并称为"唐代三李"，留下了"黑云压城城欲摧""雄鸡一声天下白""天若有情天亦老"等千古佳句。在当时如此有成就的青年诗人，却因父亲名晋肃，若他参加进士科考试，便冒犯了自己的父亲，属大不道，因而"与贺争名者毁之"，而且"听者不察也，和而唱之，同然一辞"，群起攻击。在帝制的时代，避讳是一个非常重要的话题，因它关乎个人在社会中的尊卑地位，甚或有因犯讳而被取消应有的权利，直至坐牢或丢脑袋。韩愈致力于培养和推荐有学识的青年，便劝说李贺参加考进士，也因此而被人指责。韩愈的另一位弟子皇甫湜认为，如果不把这事说清楚，韩愈和李贺都会获罪的。面对这种陈腐的陋习旧制，在弟子的规劝提示下，韩愈极为愤慨地撰写了《讳辩》，以此申明己意，更为李贺鸣不平。在当时，韩愈并不敢公开反对避讳，而是巧妙地引用经典和唐代律令，借事抒怀，在短短的篇幅里，引经据典，以理服人，对腐朽的社会风气作了激烈的抨击与批评，把假卫道者的面目揭露无遗。他先是针对避讳内容巧妙设问：父名"晋肃"，子不得举进士。若父名"仁"，子不得为人乎？以极具讽刺的意味，对避讳旧习猛劈一刀；接着以铁的事实证明古代圣人，以及国家之典亦无避讳之实，至文章最后，作者指出：今世之士，不务行曾参、周公、孔子之行，而讳亲之名，则务胜于曾参、周公、孔子，亦见其惑也。至此一锤定音，说明个人品质才是关键，不能在避讳孝亲这样的事情上斤斤计较，从而委婉而有力地批判了死板的避讳之陋习。

　　李贺能否参加进士科考试，在当时就是一重大新闻事实，《讳辩》属一事一议，全文六百余字，后三段都以设问结尾，可谓言辞犀利，如同飞标匕首，堪为当今最美新闻短论。韩愈是唐代古文运动的倡导者，不光提出"文道合一"，而且讲究"气盛言宜"，其文章特点之一便是"发言真率，无所畏避"，"鲠言无所忌"，既敢讲真话，又会讲真话。这个特点和他积极的政治态度是分不开的。他的几篇奏疏都是敢于揭发事实,敢道"群臣之所未言"话语。《御史台上论天旱人饥状》和《论淮西事宜状》都有这个特点。当然,最有代表性的文章还是《论佛骨表》。如以新闻短论定义而言,上述两篇奏状虽有说理,但总体是纪事为主,不足以归属短论。《论佛骨表》则依据重大事实,鉴于"迎佛骨"给国家和人民造成的巨大危害,于是写下了这篇表奏,以众多历史事实为论据,强调佛不足事,事佛必有祸灾,以此对最高统治者及社会佞佛之风进行批判,属于重大社会问题,影响朝政得失,实应该归于社论或评论员文章之列;而《讳辩》则不然,它是专为李贺不得应举之事实而发表的意见,一事一议,无疑应是新闻短论。另外,韩愈大量的赠序,不仅有朋友情感交流,而且多是就人生、交友、做事,以及处世、为文、为人发表意见,有事实,有观点,亦有深度,议论风生,生动活泼,堪称当今一事一议的新闻短论。比如《送孟东野序》就是依据"东野(孟郊)之役于江南也"这一新闻事实,针对其命运坎坷,壮年屡试不第,四十六岁才中进士,五十岁时被授为溧阳县尉,"有若不释然者"而所发议论,提出"大凡物不得其平则鸣"的论题,历数先秦两汉的思想家、文士,体现其古文运动的参照对象,最后归结到孟郊诗作已达到先秦两汉的高度,是对处于逆境的朋友的鼓励。《与崔群书》《答崔立之书》《题李生壁》等,都属这类作品,既是朋友赠序,又是感慨很深的杂文,还是依据事实而论的短篇,可谓当今新闻短论之典范。

与韩愈共同倡导唐代古文运动的柳宗元,和韩愈一样力主"文以载道""文以明道",其游记写景状物,多所寄托,被推为"游记之祖";其诗词骚赋独具特色,或直抒胸臆,或借古自伤,或寓言寄讽,幽思苦语，深得屈骚精髓；其传记作品继承了《史记》《汉书》传统，又有所创新，代表作有《段太尉逸事状》《梓人传》《捕蛇者说》等，成为千古名篇；其寓言作品如《黔之驴》《三戒》《临江之麋》等推陈出新，善用各种动物拟人化的艺术形象寄寓哲理或表达政见，多用来讽刺、抨击当时社会的丑恶现象；其论说作品包括哲学、政论等文及以议论为主的杂文，笔锋犀利，论证精确，是他政治思想的具体反映，亦是参与政治斗争的一种手段。如前所述，《封建论》为政论代表作，属新闻评论之社论等"老三类"，而《桐叶封弟辩》以及《晋文公问守原议》《伊尹五就桀赞》等则为短论代表作。史料证明，永贞革新失败后，柳宗元花费大量精力阅读古今史书，对历史和现实问题进行深入的思考，辩其误，指其失，一事一议，这篇史论《桐叶封弟辩》就是当时所创作的短论。且看：

古之传者有言，成王以桐叶与小弱弟戏，曰："以封汝。"周公入贺。王曰："戏也。"周公曰："天子不可戏。"乃封小弱弟于唐。

吾意不然。王之弟当封耶？周公宜以时言于王，不待其戏而贺以成之也；不当封耶？周公乃成其不中之戏。以地以人与小弱者为之主，其得为圣乎？且周公以王之言不可苟焉而已，必从而成之耶？设有不幸，王以桐叶戏妇寺，亦将举而从之乎？凡王者之德，在行之何若。设未得其当，虽十易之不为病；要于其当，不可使易也，而况以其戏乎？若戏而必行之，是周公教王遂过也。

吾意周公辅成王，宜以道，从容优乐，要归之大中而已，必不逢其失而为之辞。又不当束缚之，驰骤之，使若牛马然，急则败矣。且家人父子尚不能以此自克，况号为君臣者耶？是直小丈夫缺缺（缼缼）者之事，非周公所宜用，故不可信。

或曰：封唐叔，史佚成之。

（〔清〕张伯行　选编《唐宋八大家文钞》）

　　一篇300多字的短文，却千古传之不绝，后世好评如云。宋理学家吕祖谦《古文关键·总论看文字法》说："此篇文字，一段好如一段。大抵做文字，须留好意思在后，令人读一段好一段。"清孙琮《山晓阁选唐大家柳柳州全集》曰："一篇短幅文字，读之却有无限锋芒。妙在前幅连设三层翻驳，后幅连下四五层断案，于是前幅遂有层波叠浪之势，后幅亦有重冈复岭之奇。"前幅针对周公言行，连设三问"不当封耶？周公乃成其不中之戏。以地以人与小弱者为之主，其得为圣乎？且周公以王之言不可苟焉而已，必从而成之耶？设有不幸，王以桐叶戏妇寺，亦将举而从之乎？"成王的弟弟不应该受封的话，周公竟促成了他那不合适的玩笑，把土地和百姓给予了小弟弟，让他做了君主，周公这样做能算是圣人吗？况且周公只是认为君王说话不能随便罢了，难道一定得要遵从办成这件事吗？假设有这样不幸的事，成王把削成珪形的桐树叶跟妇人和太监开玩笑，周公也会提出来照办吗？以反问的形式，旗帜鲜明地表达了个人认为封之不当的观点。然后指出："吾意周公辅成王，宜以道，从容优乐，要归之大中而已，必不逢其失而为之辞。又不当束缚之，驰骤之，使若牛马然，急则败矣。"前面指出问题，后面开出药方：我想周公辅佐成王，应当拿不偏不倚的道理去引导他，使他的举止行动以至玩笑作乐，都要符合"中庸"之道就行了，必定不会去逢迎他的过失，为他巧言辩解。又不应该管束成王太严，使他终日忙碌不停，对他像牛马那样，管束太紧太严就要坏事。最后没忘以反话巧击一掌，说这只是小丈夫耍小聪明做的事，不是周公应该采用的方法，所以这种说法不能相信。真正是"一段好如一段"，大有"重冈复岭之奇"的美感。

通过上述古今言论定性讨论，不难明白，新闻短论就是依据新闻事实，有感而发，一事一议，借事喻理，事清理明则已。因此，在许多新闻短论的开头往往是"据载""据某月某日某报载"，以此而引述事实，展开议论。柳宗元《桐叶封弟辩》正是如此而行文的，开头"古之传者有言"，即"古书上记载"，"传者"此指《吕氏春秋·重言》《史记·晋世家》和刘向《说苑·君道》等处，恰如当今新闻媒体短论所说"据某报载"一样，为引用事实出处，让论之有据，更能增添说理的权威性和感染力。因而，在这里可以说，如此史论短篇就是当时的新闻短论，而且是借古而喻时下，通过评论"桐叶封弟"这个故事，批评了所谓"天子无戏言"的谬说，表达了柳宗元对"君权神授"的怀疑和否定。柳宗元还用桐叶封妇人和宦官的假设，影射了唐朝宦官专权的腐败政治，表达了革新朝政的愿望。末段用"或曰"引出"史佚成之"的他说，为上文所论作一旁证，看似闲笔，却遥应篇首，巧结全文，使之神完气足，余味悠然。这也正是当今为论者所应学习之法，巧用文字，善架结构，力争使议论文也变得活泼可爱起来。

在短论上，唐宋八大家中，韩愈、柳宗元两位古文运动领袖级人物，引领风骚，卓有建树，宋代六位古文大家的短论佳作亦是名篇众多，传之弥久。欧阳修为宋代公认的文坛领袖，在诗、词、散文各方面均有突出成就，更为难能可贵的是，他赏识提拔了苏轼、曾巩等一批人才，被视为北宋诗文新潮流的领导者和推动者。欧阳修与韩愈、柳宗元、苏轼、苏洵、苏辙、王安石、曾巩合称"唐宋八大家"，并与韩愈、柳宗元、苏轼被后人合称"千古文章四大家"。欧阳修曾主修《新唐书》，并独撰《新五代史》。他的政论、短论、赠序，以及议论风生的散文名篇较多，特别是他在独自完成的《新五代史》中感情充沛地加入了许多精妙议论，如同"太史公曰"和"臣光曰"一样，成为千古传诵的著名史论，亦即当今所称之新闻短论。他在《新五代史》中的短论不仅量多质优，而且如当今"编者按""编后"等，有着多种多样的表现形式，在本著后面笔者将有专门论述，此处仅就欧阳修两篇议论文传世之作略加比较，以说明短论与短评的些许不同，以及新闻短论相对深远的渊源由来，且从中体会新闻短论独有的济世妙用。

这两篇古文都是篇幅短小的议论文，一篇是《朋党论》，一篇是《纵囚论》，两篇都收入了《古文观止》，被视为议论为主的传世名篇。但就其议论方式，以及议论主题而言，两篇议论文在今天新闻评论的分类上又有所不同。前者是一篇奏表，针对社会现象和突出问题亮明观点，为国家兴亡和朝政得失而向朝廷进谏奏议，如要以新闻评论分类来说，理应属于短评或评论员文章；后者则是依据历史史实，发表议论，重在一事一议，虽与前者一样都论到君子与小人字眼，但侧重点大为有别，当属今天新闻评论中的新闻短论。不过，短评也罢，短论也好，古文大家的论证笔法精妙无比，实在是当今新闻评论者的经典范本，如像徐铸成先生那样熟读之、默诵之、常习之，定会在新闻短论上有所作为。先看《朋党论》：

　　臣闻朋党之说，自古有之，惟幸人君辨其君子小人而已。大凡君子与君子，以同道为朋；小人与小人，以同利为朋。此自然之理也。

然臣谓小人无朋，惟君子则有之。其故何哉？小人之所好者，利禄也；所贪者，货财也。当其同利之时，暂相党引以为朋者，伪也。及其见利而争先，或利尽而交疏，则反相贼害，虽其兄弟亲戚，不能相保。故臣谓小人无朋，其暂为朋者，伪也。君子则不然。所守者道义，所行者忠信，所惜者名节。以之修身，则同道而相益；以之事国，则同心而共济。始终如一，此君子之朋也。故为人君者，但当退小人之伪朋，用君子之真朋，则天下治矣。

尧之时，小人共工、驩兜等四人为一朋，君子八元、八恺十六人为一朋。舜佐尧，退四凶小人之朋，而进元、恺君子之朋，尧之天下大治。及舜自为天子，而皋、夔、稷、契等二十二人并列于朝，更相称美，更相推让，凡二十二人为一朋，而舜皆用之，天下亦大治。《书》曰："纣有臣亿万，惟亿万心；周有臣三千，惟一心。"纣之时，亿万人各异心，可谓不为朋矣，然纣以亡国。周武王之臣三千人为一大朋，而周用以兴。后汉献帝时，尽取天下名士囚禁之，目为党人。及黄巾贼起，汉室大乱，后方悔悟，尽解党人而释之，然已无救矣。唐之晚年，渐起朋党之论。及昭宗时，尽杀朝之名士，或投之黄河，曰："此辈清流，可投浊流。"而唐遂亡矣。

夫前世之主，能使人人异心不为朋，莫如纣；能禁绝善人为朋，莫如汉献帝；能诛戮清流之朋，莫如唐昭宗之世。然皆乱亡其国。更相称美、推让而不自疑，莫如舜之二十二臣；舜亦不疑而皆用之。然而后世不诮舜为二十二人朋党所欺，而称舜为聪明之圣者，以能辨君子与小人也。周武之世，举其国之臣三千人共为一朋，自古为朋之多且大莫如周，然周用此以兴者，善人虽多而不厌也。

> 嗟呼！治乱兴亡之迹，为人君者可以鉴矣！
>
> （〔清〕吴楚材　吴调侯选注《古文观止》）

"朋党"在中国传统政治生活中是一个常用的贬义词，政治上对立双方往往指斥对方引朋结党，皇帝出于巩固皇权和控制臣僚的目的，也常常予以打击抑制，以免形成势力，左右朝政。欧阳修作这篇文章时正当保守派人物吕夷简等在政治暂时失势后大肆制造舆论攻击"庆历新政"，范仲淹以直言遭贬，欧阳修在朝廷上争论力救，结果欧阳修连坐被贬，一些大臣便将范仲淹及欧阳修等人视为朋党，欲置之死地。后来仁宗时范仲淹与欧阳修再次被召回朝廷委以重任。欧阳修时任谏官，为了驳斥这种言论也为了替自己辩护，就在庆历四年（1044年）上了这篇奏章，是对政敌的理论清算，也是一吐胸中块垒。文章起笔不凡，开篇提出："大凡君子与君子，以同道为朋；小人与小人，以同利为朋。"文章不讳言朋党，而是指出朋党有原则性上的区别，并以铁的历史事实为依据，说明君子之朋有利于国，小人之朋有害于国，关键在于"人君辨其君子小人而已"。文章避免了消极地为作者作辩解，而从正面指出朋党的客观存在，指出君子结党对国家有利无害，只有各怀私心的小人结党才会蠹害国家。文章写得不枝不蔓，中心突出，有理有据，剖析透辟，说理充分，具有无可辩驳的逻辑力量，而排偶句式的穿插运用，又增加了文章议论的气势，是一篇极为出色的论战式文字，亦是典型的政论式文章，属于当今新闻评论中的"老三类"之列。

与《朋党论》相比较，《纵囚论》明显地给人感觉议题较小，是就"唐太宗之六年，录大辟囚三百余人，纵使还家，约其自归以就死"

这一历史记录发表个人看法，从情理和史实两个方面，指出这种事情不足为信，即便真有此事也不足取法。其实，不光在史实中有此记载，在白居易为唐太宗歌功颂德的《七德歌》中也有"怨女三千出后宫，四百囚徒来归狱"的诗句，其背景是，公元628年，李世民为博取仁君之名，遣放宫女三千余，令之"任求伉俪"。公元633年，李世民又下令让将近四百囚犯回乡一年，等到来年秋收后再回到狱中受刑。这些犯人感激不已，等到第二年秋收后，所有犯人一个不差地全部归狱。李世民很是高兴，当场赦免了所有犯人。这就是著名的"四百囚徒归狱案"，此事通常被人引用作为君主取信于民的历史例证，而欧阳修却大不以为然。且看他开宗明义，断然而道"信义行于君子，而刑戮施于小人"，唐太宗纵囚还家约期而回，就是君子都难以做到，而小人必能太不近人情。接着从唐太宗、囚犯的不同的心理活动加以剖析，认为这不过是上演了一场"上下交相贼"的闹剧，而且进一步指出，唐太宗登基六年来并没有消弭小人犯极恶大罪，证明"一日之恩"的偶尔纵囚，希求弘扬信义，是"不通之论"，到头来此举只不过是邀取名誉的一种手段，要从根本上解决问题，必须"以尧、舜、三王之治，必本于人情。不立异以为高，不逆情以干誉"，真正取信于民，而不标新立异自诩高明，不悖逆人情求取名誉。且看《纵囚论》如此而议：

  信义行于君子，而刑戮施于小人。刑入于死者，乃罪大恶极，此又小人之尤其者也。宁以义死，不苟幸生，而视死如归，此又君子之尤难者也。方唐太宗之六年，录大辟。囚三百余人，纵使还家，约其自归以就死。是以君子之难能，期小人之尤者以必能也。其囚及期，而卒自归无后者，是君子之所难，而小人之所易也。此岂近于人情哉？

或曰：罪大恶极，诚小人矣。及施恩德以临之，可使变而为君子。盖恩德入人之深，而移人之速，有如是者矣。曰：太宗之为此，所以求此名也。然安知夫纵之去也，不意其必来以冀免，所以纵之乎？又安知夫被纵而去也，不意其自归而必获免，所以复来乎？夫意其必来而纵之，是上贼下之情也；意其必免而复来，是下贼上之心也。吾见上下交相贼以成此名也，乌有所谓施恩德与夫知信义者哉？不然，太宗施德于天下，于兹六年矣，不能使小人不为极恶大罪；而一日之恩，能使视死如归，而存信义，此又不通之论也。

然则何为而可？曰：纵而来归，杀之无赦。而又纵之，而又来，则可知为恩德之致尔。然此必无之事也。若夫纵而来归而赦之，可偶一为之尔。若屡为之，则杀人者皆不死，是可为天下之常法乎？不可为常者，其圣人之法乎？是以尧、舜、三王之治，必本于人情。不立异以为高，不逆情以干誉。

（〔清〕吴楚材　吴调侯选注《古文观止》）

由前述短论特点而知，与社论、评论员文章、短评等政论性评论的差异在于，短论不承担重大题材的评论任务，不仅议题小，篇幅也特别短小，而且是紧扣新闻事实，"评其一点，不及其余"，写法上也不那么高大上，往往借鉴杂文笔法，谈古论今，议论风生。在今天，短论紧扣新闻事实而议论；在古代，短论式史论一样是紧扣史实而议论，所以在议题要求和写法上则是同理而生，因而说短论由来已久，古今相通，要写好今日之新闻短论，就要好好研究学习古文中的优秀短论。欧阳修的短论《纵囚论》体现了新闻短论紧扣事实，评其一点，不及其他，篇幅短且议题小，体现了短论说古论今，议论风生，较之政论一样的《朋党论》更为活泼灵动，更为伶俐通透。

其实，在短论写作上，不仅韩愈、柳宗元、欧阳修等大有成就，就是苏洵、苏轼、苏辙等，在政论和短论上亦均有名篇传诵。在古代，科举考试离不开政论、策论，议论性文章是必须过关的。比如，苏轼《刑赏忠厚之至论》就是应进士时所作的成名策论，文章以忠厚立论，援引古仁者施行刑赏以忠厚为本的范例，阐发了儒家的仁政思想。全文立论清晰，文辞简练而平易晓畅，结构严谨，说理透彻。主考官欧阳修大为赏识，称"读轼书不觉汗出，快哉！老夫当避此人，放出一头地"。若以新闻评论分类，这篇成名篇章应该划入政论文之列，属当今新闻评论中的"老三类"，虽然此文篇幅不长，但主题重大，议论宏阔，故不是一事一议的短论。像这样篇幅短小的政论性文章，"三苏"作了很多，特别有意思的是，针对许多文史学家关注的六国被秦国灭亡的话题，三苏每人写了一篇《六国论》，三篇各有侧重，立论独特，议题重大，堪称政论典范。苏洵的《六国论》独辟蹊径，单拈出"赂秦"，全文借古讽今，指出"六国破灭，非兵不利，战不善，弊在赂秦"，在当时北宋四周环伺，政策上一味求和，助长了契丹、西夏的气焰，此论具有较强的现实意义；苏辙的《六国论》则就六国目光短浅，贪图小利，不能团结一致，共同抗战，灭国是咎由自取，在当时同样对现实很有针对性；苏轼的《六国论》，根据六国久存而秦速亡的对比分析，突出强调了"士"的作用。如若就新闻评论分类而言，三篇《六国论》均应归属短评式政论文，而短评不是短论，如三篇短评连起来发表，似可冠以"三评六国灭亡"系列。不过，三苏的许多散文短章又是极为有味的短论，如苏洵的《管仲论》，苏轼的《留侯论》《贾谊论》《晁错论》，以及苏辙的《上枢密韩太尉书》均为不可多得的短论。不仅如此，更多的还在于他们精彩绝伦的散文篇章中，那些独树一帜的议论、观点鲜明的见识、别具一格的议辩，都是当今难得的短论，是紧扣新闻事实的分析判断，是令人警醒的钟鸣，十分值得认真思索感悟。且看苏轼《留侯论》：

古之所谓豪杰之士，必有过人之节，人情有所不能忍者。匹夫见辱，拔剑而起，挺身而斗，此不足为勇也。天下有大勇者，卒然临之而不惊，无故加之而不怒，此其所挟持者甚大，而其志甚远也。

夫子房受书于圯上之老人也，其事甚怪。然亦安知其非秦之世有隐君子者，出而试之？观其所以微见其意者，皆圣贤相与警戒之义，而世不察，以为鬼物，亦已过矣。且其意不在书。当韩之亡、秦之方盛也，以刀锯鼎镬待天下之士，其平居无罪夷灭者不可胜数。虽有贲、育，无所获施。夫持法太急者，其锋不可犯，而其势未可乘。子房不忍忿忿之心，以匹夫之力，而逞于一击之间。当此之时，子房之不死者，其间不能容发，盖亦危矣。千金之子，不死于盗贼。何者？其身可爱，而盗贼之不足以死也。子房以盖世之才，不为伊尹、太公之谋，而特出于荆轲、聂政之计，以侥幸于不死，此圯上老人所为深惜者也。是故倨傲鲜腆而深折之。彼其能有所忍也，然后可以就大事，故曰："孺子可教也"。

楚庄王伐郑，郑伯肉袒牵羊以迎。庄王曰："其主能下人，必能信用其民矣。"遂舍之。勾践之困于会稽，而归臣妾于吴者，三年而不倦。且夫有报人之志，而不能下人者，是匹夫之刚也。夫老人者，以为子房才有余，而忧其度量之不足，故深折其少年刚锐之气，使之忍小忿而就大谋。何则？非有平生之素，卒然相遇于草野之间，而命以仆妾之役，油然而不怪者，此固秦皇之所不能惊，而项籍之所不能怒也。

观夫高祖之所以胜，而项籍之所以败者，在能忍与不能忍之间而已矣。项籍唯不能忍，是以百战百胜而轻用其锋；高祖忍之，养其全锋而待其敝，此子房教之也。当淮阴破齐而欲自王，高祖发怒，见于词色。由此观之，犹有刚强不能忍之气，非子房其谁全之！

太史公疑子房以为魁梧奇伟，而其状貌乃如妇人女子，不称其志气。呜呼！此其所以为子房欤！

〔清〕吴楚材　吴调侯选注《古文观止》

《留侯论》是苏轼根据《史记·留侯世家》所记张良受书及辅佐刘邦统一天下的事例，论证了"忍小忿而就大谋""养其全锋而待其敝"的策略的重要性。文笔纵横捭阖，极尽曲折变化之妙，行文雄辩而富有气势。《留侯论》并不全面评论张良的生平和功业，而只论述其所以取得成功的主观方面的根本原因——"能忍"的过人之节。这个问题过去未有人道及，是作者的创见。开头一段是立论，提出能忍、不能忍这个命题。文章依据的事实是圯上老人赠书之事，在别人看来，老人赠书有着神奇色彩，而作者对此进行了批驳，认为老人赠书的用意，是针对张良狙击秦王的行动，有"不忍忿忿之心"的表现。老人痛惜其才，故"出而试之"，用傲慢无礼的举动"无故加之"，极力摧折侮辱，以磨炼其性格，"深折其少年刚锐之气"，使其"能有所忍"。为了加强说服力，第三段又引史为证，再次申说上段之意。作者以史为证，而且联系时实，回到刘、项两家的斗争来举例，把刘邦之胜和项籍之败，归结为能忍和不能忍，而以韩信求假封为齐王的事例，把刘邦之能忍归结为系由张良成全，说明了能忍对于张良，以及对于刘、项的事业的重大意义，更说明了圯上老人的启导所起的巨大作用，大大增强了通篇议论的说服力。末尾以揣度作结，谓子房的状貌也表现出能忍的特征，思致新颖，余味未尽。故吴楚材、吴调侯选注《古文观止》卷十曰："人皆以受书为奇事，此文得意在'且其意不在书'一句撇开，拿定'忍'字发议。滔滔如长江大河，而浑浩流转，变化曲折之妙，则纯以神行乎其间。"如今要与新闻短论相比较，此文先辨别事实真伪，然后抓住辱之一点，提炼主题一个忍字，再进而辨清忍字重大意义，对当时、对后人都不无启发。这与苏轼《刑赏忠厚之至论》的策论重大社会主题相比，完全是一事一议的事实短论，断可以归属于新闻短论之列。

  其实古代借事喻理的论说名文比比皆是，不仅科举考试要看察世论理的宏论，就是朝廷谏奏，为官问对，要想谏奏有效，问对得体，也必须熟稔掌握说理技巧，论说到位才能服人。这方面，《晏子春秋》《孟子》等都是经典蓝本，还有唐宋八大家、桐城古文派，在论说名文上，都有名篇传世。但论说文不等于新闻评论，亦不同于新闻短论，新闻评论及新闻短论，都是由新闻事实引起，先有新闻，然后才有评论，新闻是第一性的，评论因新闻而派生。此处以《晏子春秋》而论，这是记录晏子言行的著作，有对上劝谏为主的谏上、谏下，有与君对答的问上、问下，还有以故事为主的杂上、杂下，以及外篇等。晏子与孟子一样都是善言辞者，其思想和主张都是通过故事说理，让听者能够听得进，心悦诚服。我们所要学习借鉴的是古人的论说能力，将新闻评论工作做好。当然，新闻评论虽说离不开论说，离不开论说文的各种技巧，离不开分析辩论说理，但没有新闻特性作引子，那论说得再精彩也不是新闻评论和新闻短论。所以说，《晏子春秋》虽绝大部分为论说文，但就新闻短论的特性而言，许多篇章就算不上短论，只是精彩纷呈的论说为主的谏和对，而一些以事实而引起的短论则不然，那是如当今一事一议，以理服人的最为难得的新闻短论。不妨试举两例，一是《景公问治国何患晏子对以社鼠猛狗》，一是《景公问欲令祝史求福晏子对以当辞罪而无求》，窃以为，前者为一般性论说，后者则是如今所说的以新闻由头引起的新闻短论。先看《景公问治国何患晏子对以社鼠猛狗》：

景公问于晏子曰："治国何患？"

晏子对曰："患夫社鼠。"

公曰："何谓也？"

对曰："夫社，束木而涂之，鼠因往托焉。熏之则恐烧其木，灌之则恐败其涂。此鼠所以不可得杀者，以社故也。夫国亦有焉，人主左右是也。内则蔽善恶于君上，外则卖权重于百姓。不诛之则为乱，诛之则为人主所案据，腹而有之。此亦国之社鼠也。人有酤酒者，为器甚洁清，置表甚长，而酒酸不售。问之里人其故，里人云：'公狗之猛，人挈器而入，且酤公酒，狗迎而噬之，此酒所以酸而不售也。'夫国亦有猛狗，用事者是也。有道术之士，欲干万乘之主，而用事者迎而龁之。此亦国之猛狗也。左右为社鼠，用事者为猛狗，主安得无壅，国安得无患乎？"

(《晏子春秋·内篇问上》)

有人评价说，这是一篇智慧而幽默的讽刺故事。其实是篇杂文式短评，以讲故事的方式，论述治国之患，晏子用浅显通俗的事例，巧妙地指出"社鼠""猛狗"一类的显宦佞臣，是危害国家的大祸害。这不是针对某一件事实的言论，是治国理政的大政方针问题上的探讨，是以比喻的手法讲明治国应力避人主左右出现"社鼠"，他们会"内则蔽善恶于君上，外则卖权重于百姓"，而"猛狗"则是另一危害社稷的比喻，是与"社鼠"同样有害于国的隐患。"左右为社鼠，用事者为猛狗"，如果有了这两大祸患，君上就难免不被"屏蔽"，国就将难得安宁。所以说，这是一篇治国理政的政论文，体现了晏婴善谏进言的特点。晏婴在劝谏君王时往往不是直接强谏而是委婉地曲谏或诱谏，从中显示了他在政治生活中所具有的高度智慧。恰当生动的比喻，是这篇政论文的显著特点。比喻，即以其所知，喻其不知，使人知之，是善说者最爱使用的招数，往往使对方听得清楚明白。"社鼠""猛狗"这两个比喻，后来常为人们选录出来作为寓言故事。在现今成语中，人们亦用"社鼠城狐"比喻依仗权势作恶而又一时难以驱除的人。两个比喻的剖析对比，如同一篇重磅社论，最深刻地道出了治国理政上的大道理。

再看《景公问欲令祝史求福晏子对以当辞罪而无求》：

景公问于晏子曰："寡人意气衰，身病甚。今吾欲具珪璋牺牲，令祝宗荐之乎上帝宗庙，意者礼可以干福乎？"

晏子对曰:"婴闻之,古者先君之干福也,政必合乎民,行必顺乎神;节宫室,不敢大斩伐,以无逼山林;节饮食,无多畋渔,以无逼川泽;祝宗用事,辞罪而不敢有所求也。是以神民俱顺,而山川纳禄。今君政反乎民,而行悖乎神;大宫室,多斩伐,以逼山林;美饮食,多畋渔,以逼川泽。是以民神俱怨,而山川收禄。司过荐罪,而祝宗祈福,意者逆乎!"

公曰:"寡人非夫子,无所闻此,请革心易行。"

于是废公阜之游,止海食之献,斩伐者以时,畋渔者有数。居处饮食,节之勿美。祝宗用事,辞罪而不敢有所求也。故邻国忌之,百姓亲之。晏子没而后衰。

(《晏子春秋·内篇问上》)

与上述之问对相比,此问对显然是就事实而问,就事实而对,属一事一议的新闻短论之列,而不像上述之问对,是就执政大问题的多方求证,通过论述弄明白了一个道理,即君主的侍人和掌权的宠臣,就像社鼠和猛狗,管理不好就会给国家社稷带来极大祸害。此篇问对,是景公因为身体有恙,可否通过祭祀上帝、祖庙而求福,使身体无恙这一新近发生的事实,而向晏子求证问对。晏子没有直接拿出可否意见,而是首先介绍了古代贤良君主有关祭祀上的可取做法:政令符合民心,行动顺应神意;宫室、饮食均有节制,以保护山林川泽资源;祭祀只是悔过,而不是求福,所以才神民俱顺,山林川泽献出财富。齐景公是春秋后期的齐国君主,有治国的壮怀激烈,虽贪图享乐,但遇事还算能听取谏言,尤其喜欢仿效古代贤君。晏子从古代贤君之为说起,然后指出现在君主的做法恰恰相反,因此神民俱怨,应当谢罪,却想求福，是不可得的。如此对比而论，直言敢谏，景公不光听得进，而且采取了一系列的改正措施，终于受到邻国的敬畏和百姓的亲附。晏子的谏对正是针对事实而议论说理的有效做法，当然也是新闻短论的可取之处，就事说理，论说有方，效果立显，令人折服。

从司马迁所著《史记》之"太史公曰"，到司马光编撰《资治通鉴》紧要处的"臣光曰"，再到王夫子所著《读通鉴论》，以及唐宋八大家古文短论，《晏子春秋》《孟子》中诸多短论名作，还有上述有关新闻评论学中所提到的近现代评论家纷繁呈现的精彩短论，无不篇篇都有新见解，篇篇都简洁可爱，不光新闻评论专业人员要精读，新闻记者和业余作者也要常读常新，不断激发起新闻短论写作的飞扬思绪。

短论的古今表现形态

所谓表现形态，即是新闻短论是以什么方式展现在受众面前，在过去，有的是在媒体所设言论栏目中出现，比如"今日谈""人民论坛""人民时评"等；在今天，除了深得受众青睐的各类名栏目外，还有不断推出的评论栏目和评论专版，也有新媒体中的融媒短论形式，更有权威性极强的个人专栏短论，以及穿插在重大新闻事实报道中的种种精彩议论，如编前、编中和编后等。

名目繁多的专栏署名短论，因为栏目的开放性，也表现了广泛的群众性，所用稿件多为自由来稿，择优录用，因而问题来源多样，文字风格各异，内容丰富多彩，这些将在后面的篇章里进一步论及。此处先说一下个人专栏短论等。2003年2月25日，《浙江日报》头版多了一个特色栏目——"之江新语"专栏，署名"哲欣"，而"哲欣"就是时任浙江省委书记的习近平同志所用的笔名，取"浙江创新"之意。2007年这些文章结集出版，书名《之江新语》。此书辑录了2003年2月至2007年3月"之江新语"专栏发表的232篇短论。时任浙江省委书记、省人大常委会主任的习近平同志对省报言论工作高度重视，在繁忙的工作之中一直坚持为"之江新语"专栏撰写稿件。这些短论，思想性强、针对性强、时效性强，语言简洁明快，观点敏锐清晰，形式生动活泼，讲道理浅显易懂，不空发议论，言之成章，持之有理，文风朴实，或赞美表彰，弘扬正气；或批评鞭挞，斥责歪风；或分析道理，揭示规律。这些短论，鲜明提出了推进浙江经济社会科学发展的正确主张，及时回答了现实生活中人民群众最关心的一些问题，是坚持"从群众中来，到群众中去"这一科学的领导方法和工作方法的生动体现，是运用马克思主义的立场、观点和方法观察问题、分析问题、解决问题的光辉篇章，成为指导全省工作的一个重要窗口，自然也是本著所要分析研究的重要宝库。

读者还注意到，从1999年开始，《人民日报》开设了一个个人专栏"下乡手记"，这也是党中央机关报开设的第一个记者个人的专栏。作者王慧敏在人民日报长期从事农村报道，20世纪90年代，曾到河南虞城县挂职两年，在专栏中，他把自己挂职和采访中遇到的"三农"问题及思考，告诉读者。其中谈及的都是中国社会转型期农民和农村领域的各种问题，那是一种基于事实的观察进行的夹叙夹议的述评性文字。每篇文章涉及的问题表象人们或许并不陌生，甚至司空见惯，然而却未必能够洞察这些现象背后隐藏的有关人民命运，社会进步的重大关联。评论界认为："'下乡手记'是新时期的山乡风云录。"大量读者则给予更多更大热情的好评，有的说：新闻界像"下乡手记"这样的好文章还不多见，每一篇都带有普遍性，短小而又意丰。它是一面镜子，又是一篇好教材，每篇里面的哲理，对基层工作都非常有益。更有人说，我们喜爱"下乡手记"这样深入浅出、平易近人、一针见血、有骨有肉的文章，我们喜爱"王慧敏式"的贴近生活、贴近人民、贴近时代的记者或编辑。有人还为此总结出了挺有见地的精彩之处：一是短，短小精悍，言之有物。二是实，记的是乡下的实事、难事。文章没有官腔套话，具体问题具体分析，观点客观鲜明。三是深，一些被人视为"小事""平常事"的事实，作者由表及里、举一反三、刨根问底，提示出问题实质。四是新，以事论理，写法新颖别致，不落俗套。

这些正是本著研究新闻短论的缘由所在。

2012年，王慧敏个人专栏作品被列入《文化名家暨"四个一批"人才作品文库》，书名为《下乡手记》，共收录了作者的200余篇文章，整理为三卷，"下乡手记"110篇，占了全书的过半文字，故而以之作为书名。其余两部分一部分是"热点感言"，是作者就新闻时事而写的时评；另一部分是"编余杂识"，是作者做版面编辑时配合刊发的新闻写下的短评。这些作品宣示着新闻记者职业良知与社会责任的同时，也说明着新闻工作的专业原则与技术方法。

无论是"下乡手记"，还是"热点感言"和"编余杂识"，都是新闻工作者发乎于心的"言"与"识"，有不说不快的评说冲动，又体现着《人民日报》立意高远的评论风格，以及轻松活泼的杂文技巧和新闻写作文体上的创新。这些与公开性评论栏目相同之处在于都是署名评论，所不同的是个人专栏评论更张扬作者个人作品特质。而此"热点感言"和"编余杂识"又与编前、编后、编者按有所同，有所不同。相同处都是编者就事实而论，不同处在于编前、编后、编者按等往往不加署名，不知是谁所作，而此"热点感言"和"编余杂识"全是署名文章，更加体现了新闻短论的作者个性。另外一点，有的编前、编后或编者按，其作用只是为了提示、说明或强调，没有论，也没有议，那就不应冠以新闻短论之名。

说到编前、编后、编者按等表现形态，从古至今，处置起来，可以说，都非常灵活。于宁、李德民在《怎样写新闻评论》中对新闻评论分类时就说道,"编者按和编后是紧放在新闻的前面、后面,或插在新闻中间的短平快评论"。这一点让笔者想到,不但当今为了提升新闻报道的影响力和感染力,在新闻报道,或新媒体融合推进中,精心加入编前、编后,或插在新闻中间巧妙议论,给新闻报道和融媒发展增色加彩;就是古代史学家和著名古文作者,也常常在史传或纪传纪事文章中顺势而为,加上些短平快评论,使史传或文章大放异彩,有的短论虽是配属生发,却不胫而走,最终成为传世久远的短论名篇。

不妨先看看古代记叙文中穿插的经典短论,那些依据事实而油然生发的短论,其实就是今天新闻短论的最美典章。比如韩愈的《张中丞传后叙》,以及苏轼的《凌虚台记》,其间都有堪称今日所说的新闻短论,或说是写在前面的编者按语,或说是放在文末的编后,或说是插在新闻中间的短平快评论。可以说,苏轼的《凌虚台记》,就是这样一篇附有编后的散记,作者借物抒情,在文末就给了读者无限的处世警示:

  国于南山之下,宜若起居饮食与山接也。四方之山,莫高于终南,而都邑之丽山者,莫近于扶风。以至近求最高,其势必得。而太守之居,未尝知有山焉。虽非事之所以损益,而物理有不当然者。此凌虚之所为筑也。

  方其未筑也,太守陈公杖履逍遥于其下,见山之出于林木之上者,累累如人之旅行于墙外而见其髻也,曰:"是必有异。"使工凿其前为方池,以其土筑台,高出于屋之檐而止。然后人之至于其上者,恍然不知台之高,而以为山之踊跃奋迅而出也。公曰:"是宜名凌虚。"以告其从事苏轼,而求文以为记。

轼复于公曰："物之废兴成毁，不可得而知也。昔者荒草野田，霜露之所蒙翳，狐虺之所窜伏。方是时，岂知有凌虚台耶？废兴成毁，相寻于无穷，则台之复为荒草野田，皆不可知也。尝试与公登台而望，其东则秦穆之祈年、橐泉也，其南则汉武之长杨、五柞，而其北则隋之仁寿、唐之九成也。计其一时之盛，宏杰诡丽，坚固而不可动者，岂特百倍于台而已哉！然而数世之后，欲求其仿佛，而破瓦颓垣无复存者，既已化为禾黍荆棘丘墟陇亩矣，而况于此台欤！夫台犹不足恃以长久，而况于人事之得丧、忽往而忽来者欤？而或者欲以夸世而自足，则过矣。盖世有足恃者，而不在乎台之存亡也。"既以言于公，退而为之记。

（〔清〕吴楚材　吴调侯选注《古文观止》）

五百多字有不足一半为纪事，而后是一段精彩议论，上述文末画上横线的这部分议论，正是今天所说的短论，是据建凌虚台新闻事实而论，论台之兴建与古今盛事兴衰之变故，给后人以无限遐思。作为凤翔府知府的陈希亮，于官廨后圃，筑造一座凌虚台，以望终南山，台高出于屋之檐，人之至于其上，见远处山峦"踊跃奋迅而出也"，尽收眼底，兴之所至，命台为凌虚，凌虚者，凌空而起，登高望远，以壮胸怀，岂不乐哉！于是请苏轼作记，没想到苏轼却不以为然，直接点明"太守之居，未尝知有山焉。虽非事之所以损益，而物理有不当然者"。在苏轼看来，筑台虽然对时政不是有好处或坏处的问题，但是从府衙最靠近终南山的事理来说，筑台看山却是不应该的，于是提出"物之废兴成毁，不可得而知也"的论点。作者用它启开议论的笔端，通过记叙凌虚台建造经过，借物抒情，感叹兴废无常，指出"世有足恃者,而不在乎台之存亡也"。因为,看得到的是昔日的荒草野田,建起了今日的凌虚台,由无生有;看不到的是今日的凌虚台,也许会变成明日的荒草野田,化有为无。兴废成毁交相回旋,无穷无尽,谁都不能知其永恒与否。行文至此,理已尽,意已完,但作者却并不辍笔,由近及远,从眼前的凌虚台延伸到漫长的历史,把秦穆公祈年、橐泉,汉武帝长杨宫、五柞宫,隋仁寿宫,唐九成宫的兴盛与荒废赫然置放在凌虚台的面前相映衬。两相对比,百倍于凌虚台的宫阙如今求其破瓦颓垣犹不可得,凌虚台的未来也就自不待言了。作者再进一步由台及人,"夫台犹不足恃以长久,而况于人事之得丧",足见借得台而夸世,则是大错。这就从根本上否定了台的修筑意义。此文明为替凌虚台作记,实则字里行间时时暗含着讥讽的笔调,太守求文原希望得几句吉利助兴的话,不承想苏轼却借此大讲兴废之理,岂不是让太守大跌眼镜,有所失望吗?

其实不然,其间深蕴名士显要之家国情怀,彼此惺惺相惜,实为难能可贵。陈希亮,字公弼,北宋名臣,从进士及第开始,为官三十余年,先后任过知县、知州、知府、转运使等地方官,也曾到首都开封府及朝廷任职,不论是在地方还是京城为官,陈希亮疾恶如仇,从不考虑个人的祸福进退。身材矮小清瘦的陈希亮,为人刚直,面冷言横,两眼澄澈如水,说话斩钉截铁,常常当面指责别人过错,绝不留情面。他对待僚属更加严厉,以致很多人对他不敢仰视。1063年正月,陈希亮任凤翔府知府,是苏轼的上司,有吏员称呼苏轼"苏贤良"。公弼大怒:"府判官,何贤良也?"下令用刑杖责打吏员。作此《凌虚台记》时,踏上"仕途"只有两年的苏轼,胸间怀着固国安民的宏大政治抱负,主张为政应有补于民,修筑凌虚台在他看来却无补于民,故作此文以讽之。后人无不认为,"太难为太守矣。一篇骂太守文字耳"。不成想,当陈希亮读过文稿后,他竟不易一字,吩咐上石,并且慨然道:"吾视苏明允,犹子也;苏轼,犹孙子也。平日故不以辞色假之者,以其年少暴得大名,惧夫满而不胜也,乃不吾乐耶!"原来陈、苏两家为眉州数代世交,论辈分,且陈希亮比老苏还长一辈。何况苏轼与陈希亮四子陈慥又为挚友,常从两骑挟矢共游,纵论用兵及古今成败。陈慥饱参禅学,隐居黄州岐亭山中,苏轼谪贬黄州,偶遇陈慥,作《方山子传》,为之扬名。后陈希亮因辛劳过度而逝,自称平生不为人作行状墓碑的苏轼,应陈慥之请,破例写下《陈公弼传》,盛赞陈公"平生不假人以色,自王公贵人,皆严惮之。见义勇发,不计祸福,必极其志而后已"。又称"其人仁慈,故严而不残。"对所作《凌虚台记》亦是有愧,说:"公于轼之先君子为丈人行(长辈),而轼官于凤翔,实从公二年。方是时年少气盛,愚不更事,屡与公争议,形于言色,已而悔之。"

说起来这是古代文坛佳话,其实是为官为文者各显高尚情操。为官如陈希亮,见义勇发,不计祸福,为文如苏轼,主张为政应与民有补,不应"以夸世而自足",以一台之得失与世事相校正,令人惕然移觉,回味无穷。就新闻短论而言,上述画线这一段可以说是纪事新闻的编后,亦可以说是一段单独成立的短论,其议论主题,以及写作方法,都对当今新闻短论大有可取之处。短论要论之有据,论之有理,论之有方,论之令人可叹、可赞、可学、可用,此篇散文之作达到了令人拍案叫绝的境地。

再看看韩愈的《张中丞传后叙》,其精彩短论是夹在文中的,这种不拘一格的处置方式,让短论在文章中大放光彩,进而令整篇文章跌宕起伏，分外引人入胜。本来是篇拾遗补阙的文字，作者却以不吐不快的心绪，将大段议论置于简短的叙事之中，而且是气势磅礴、毋庸置疑的驳论文体。开篇叙述的史实无疑就是今天所说的新闻事实，由《张巡传》"恨有阙者"，"不为许远立传，又不载雷万春（当是"南霁云"）事首尾"，进而联想到对许远和张巡的不公平传言，令韩愈十分愤慨，为辨明真相，驳斥小人谬论，他写下《张中丞传后叙》，以弘扬正气，打击邪恶，其中一段据实而议的短论，堪称短论传世雄文。

元和二年四月十三日夜，愈与吴郡张籍阅家中旧书，得李翰所为《张巡传》。翰以文章自名，为此传颇详密。然尚恨有阙者：不为许远立传，又不载雷万春事首尾。

远虽材若不及巡者，开门纳巡，位本在巡上，授之柄而处其下，无所疑忌，竟与巡俱守死、成功名；城陷而虏，与巡死先后异耳。两家子弟材智下，不能通知二父志，以为巡死而远就虏，疑畏死而辞服于贼。远诚畏死，何苦守尺寸之地，食其所爱之肉，以与贼抗而不降乎？当其围守时，外无蚍蜉蚁子之援，所欲忠者，国与主耳；而贼语以国亡主灭，远见救援不至，而贼来益众，必以其言为信。外无待而犹死守，人相食且尽，虽愚人亦能数日而知死处矣，远之不畏死亦明矣！乌有城坏其徒俱死，独蒙愧耻求活，虽至愚者不忍为，呜呼！而谓远之贤而为之邪？

说者又谓远与巡分城而守，城之陷，自远所分始。以此诟远，此又与儿童之见无异。人之将死，其藏腑必有先受其病者；引绳而绝之，其绝必有处。观者见其然，从而尤之，其亦不达于理矣。小人之好议论，不乐成人之美，如是哉！如巡、远之所成就，如此卓卓，犹不得免，其他则又何说！

当二公之初守也，宁能知人之卒不救，弃城而逆遁？苟此不能守，虽避之他处何益？及其无救而且穷也，将其创残饿羸之余，虽欲去，必不达。二公之贤，其讲之精矣。守一城，捍天下，以千百就尽之卒，战百万日滋之师，蔽遮江淮，沮遏其势，天下之不亡，其谁之功也！当是时，弃城而图存者，不可一二数；擅彊兵坐而观者，相环也。不追议此，而责二公以死守，亦见其自比于逆乱，设淫辞而助之攻也！

愈尝从事于汴徐二府，屡道于两府间，亲祭于其所谓双庙者……
……

（徐中玉　齐森华主编《大学语文》　略有删节）

此文写于唐宪宗元和二年（807），是时距安史之乱已有四十多年，韩愈政治主张上反对藩镇割据，维护中央集权，《张中丞传后叙》即表达了这一思想。文中盛赞张巡、许远共同抗击叛乱的英雄功绩，对巩固唐朝政权无疑是有积极意义的。韩愈鲜明的政治观点体现在短论之中，最有感染力、最震撼人心的部分也是短论，这是此文的核心和筋骨所在。后叙全文一千三百多字，其重点议论就占了五百多字，按于宁、李德民所说，应属于插在文中的编者按语，是经典的夹叙夹议的新闻短论。全文第一段仅是个引子，是一些必要的事实交代，真正的议论是从第二段开始，也就是上述画线部分，从三个方面愤然为许远辩诬：一是驳斥许远畏死论，即"远诚畏死，何苦守尺寸之地，食其所爱之肉，以与贼抗而不降乎？二是驳斥诉许远守城不力论，即以人死和绳断作比喻，用归谬法，批驳"城之陷，自远所分始"的谬论，断然指出"以此诟远,此又与儿童之见无异"。三是以整个睢阳保卫战的是和非而论辩。先驳死守论,由驳弃城而逆遁的假想式的污辱,转入从正面论证拒守睢阳的重大意义,响亮地提出了无可辩驳的结论:"守一城,捍天下,以千百就尽之卒,战百万日滋之师,蔽遮江淮,沮遏其势,天下之不亡,其谁之功也!"从而把保卫睢阳之战,提高到关系国家存亡的战略高度。在睢阳将士艰难奋战时,周围弃城逃跑者,擅强兵坐视不救者,比比皆是,那些好议论者竟然放过这类人不加追责怒斥,反而责备张、许死守,完全是居心不良。作者尖锐地指出,这无疑是站在叛乱者一边,有意制造谣言,帮助他们攻击爱国志士,进而揭穿小人之丑恶嘴脸。

文章第四、五两段展开对英雄人物逸事的描写。作者娓娓道来,挥洒自如,不拘谨,不局促。几个人物的音容笑貌及其遭遇,便很自然地从笔端呈现出来,具有很强的艺术感染力,是不可多得的群体人物塑造描写,这在笔者《怎样写活人物》专著中已有专门论述,此处仅就编者按语略作分析,以期明晰新闻短论的历史性作用。

就议论部分看,开头一段,寥寥数语,简直类乎日记或读书札记的写法。第二段辩许远之诬,多用推论,由于许远所受的诬蔑太重,在阐明一层层事理之后,不免有悲慨深长的抒情插笔。第三段虽然也是议论,但由于睢阳保卫战功勋卓著,有目共睹,所以话语踔厉奋发,咄咄逼人。宋人张耒说:"韩退之穷文之变,每不循轨辙。"(《明道杂志》)《张中丞传后叙》熔议论、叙事、抒情、描写于一炉,体现了韩愈文章多变的特色。刘大櫆《论文偶记》提出文贵变,还说"一集之中篇篇变,一篇之中段段变,一段之中句句变,神变、气变、境变、音节变、字句变,惟昌黎能之"。变能生色,变能生发,变能生情，变亦能生威，主题在变中增强，思想在变中升华，人物在变中激活，道理亦在千变万化中鲜明。韩愈的善变无论是对人物、纪事、特写，抑或短论写作，都是最好范本。

说到短论表现形态，上述苏轼《凌虚台记》，以及韩愈《张中丞传后叙》还只是夹叙夹议式散文，无非是说议论部分非常突出有力，与叙事形成相当比例，如要单独拿出来，还需要动点儿手术，即要把叙事部分简洁到一两句话交代，才能形成独立的与新闻短论相当的形态。如是当今的通讯特写等，即使赞成或反对加些议论的，也要浓缩到一两句话，像苏轼、韩愈如此汪洋恣肆地有感而发，只能是现在阅读上的欣赏，完全照搬照套不行。这种夹叙夹议式表现形态，与于宁、李德民所说紧放在新闻通讯的前面、后面，或插在新闻中间的短平快评论，即编者按和编后等有显著不同，古文中的这些短论或短评的表现形态非常清晰，即"紧放在"新闻报道的前面、后面，或插在叙事文章中间，可以融为一体，也可较为容易地拎出来单独成文。当然，这种与正文结构紧密，而表现形态又很鲜明清晰的短平快评论，即编者按、编前、编后在古代纪实性文章中极为寻常。除了前面说到的《史记》的"太史公曰"，还有《资治通鉴》中的"臣光曰"等，在欧阳修独自撰写完成的《新五代史》中更是常见。仔细阅读后发现，在欧阳修的《新五代史》中，既有单独成立的"编者按"短论，又有插在纪传文体中间的"编前""编后"，这些短论大都异常精辟多彩，有的更成了千古短论名文。不妨先看看堪为短论经典的《伶官传序》。为了看清传序所处位置（画线部分），全传概貌摘要如下：

呜呼！盛衰之理，虽曰天命，岂非人事哉！原庄宗之所以得天下，与其所以失之者，可以知之矣。

世言晋王之将终也，以三矢赐庄宗而告之曰："梁，吾仇也；燕王吾所立；契丹与吾约为兄弟，而皆背晋以归梁。此三者，吾遗恨也。与尔三矢，尔其无忘乃父之志！"庄宗受而藏之于庙。其后用兵，则遣从事以一少牢告庙，请其矢，盛以锦囊，负而前驱，及凯旋而纳之。

方其系燕父子以组，函梁君臣之首，入于太庙，还矢先王而告以成功，其意气之盛，可谓壮哉！及仇雠已灭，天下已定，一夫夜呼，乱者四应，仓皇东出，未及见贼而士卒离散，君臣相顾，不知所归，至于誓天断发，泣下沾襟，何其衰也！岂得之难而失之易欤？抑本其成败之迹而皆自于人欤？

《书》曰："满招损，谦得益。"忧劳可以兴国，逸豫可以亡身，自然之理也。故方其盛也，举天下之豪杰莫能与之争；及其衰也，数十伶人困之，而身死国灭，为天下笑。夫祸患常积于忽微，而智勇多困于所溺，岂独伶人也哉！作《伶官传》。

庄宗既好俳优，又知音，能度曲……

其战于胡柳也，嬖伶周匝为梁人所得。其后灭梁入汴，周匝谒于马前，庄宗得之喜甚，赐以金帛……

庄宗好畋猎，猎于中牟，践民田。中牟县令当马切谏，为民请，庄宗怒……伶人敬新磨……率诸伶走追县令，擒至马前……

庄宗尝与群优戏于庭……

新磨尝奏殿中，殿中多恶犬，一犬起逐之，新磨倚柱而呼曰："陛下毋纵儿女啮人！"……

然时诸伶，独新磨尤善俳，其语最著，而不闻其佗过恶。其败政乱国者，有景进、史彦琼、郭门高三人为最。

是时，诸伶人出入宫掖，侮弄缙绅，群臣愤嫉，莫敢出气……
……

《传》曰："君以此始，必以此终。"庄宗好伶，而弑于门高，焚以乐器。不可信哉！可不戒哉！

（《新五代史》卷三十七　传文有删节）

欧阳修进入政界后，正是北宋王朝开始由盛到衰的时期，社会上的各种矛盾日趋尖锐，政治上的一些弊端越来越突出，社会危机越来越令人不安。欧阳修、范仲淹等人针对当时的弊政，力图实行政治改革，以挽救北宋王朝的危机，却接二连三地遭到当权派的打击。欧阳修忧心忡忡，担心五代惨痛历史即将重演。而宋太祖时薛居正奉命主修的《旧五代史》又"繁猥失实"，无助于劝善惩恶，于是自己动手，撰成了七十四卷的《新五代史》。欧阳修不是为了修史而修史，他是借史鉴今，以史为镜，明得失，辩事理，这跟他的文学主张完全一致。欧阳修继承发展了韩柳散文理论，提倡文道并重，"道胜者，文不难而自至"（《答吴充秀才书》），反对"务高言而鲜事实"（《与张秀才第二书》），主张"言以载事而文以饰言，事信言文，乃能表见于后世"（《代人上王枢密求先集序》）。无论是写政论文、史论文、记事文、抒情文和笔记文等，欧阳修都讲究内容充实，于世有补，议论纡徐有致，逻辑精准严密，文字精美而有气势，《伶官传序》就是历代传诵的佳作。

此文通过对五代时期的后唐盛衰过程的具体分析，特别是庄宗李存勖由盛转衰、骤兴骤亡的过程，更是令人触目惊心。开篇几段即为序言（见画线部分），亦即为今日之"编者按"，道出全篇纪事之要，亦可称之为据实短论。序言之后就以极为简洁的概述纪事文字，叙写了庄宗"好俳优，又知音，能度曲"，"常身与俳优杂戏于庭，伶人由此用事"，接着以景进、史彦琼、郭门高三位伶人为典型，尽写他们"败政乱国"的斑斑劣迹，比如"侮弄缙绅，群臣愤嫉，莫敢出气"，"四方藩镇，货赂交行"，而"景进居中用事"，史彦琼监军而纵乱邺都，郭门高率亲军叛乱，射杀庄宗，全文至"庄宗好伶，而弑于门高（被郭门高杀害）"作结，最后大声疾呼道："可不信哉！可不戒哉！"此序缘于后面历史故事，事实在后，序言在前，更加昭示着历史教训是多么严酷，作者在开篇处即亮明论点："呜呼！盛衰之理，虽曰天命，岂非人事哉！"就是说，社稷盛衰在天命更在人事，一语道破天机，直击文章要旨。然后简笔叙述事实，指出庄宗得天下何其壮哉，而失天下又何其悲哉，先扬后抑，对比论证，兴与亡、盛与衰前后对照，强烈感人，其结论就在于"祸患常积于忽微，而智勇多困于所溺"。而后再辅以《尚书》古训，更增强了文章说服力。全文紧扣"盛衰"二字，夹叙夹议，史实与议论结合，笔带感慨，语调顿挫多姿，具有极强的感染力和教育性。与当今由事实而有感而发的新闻短论形态相比，实应是一篇典型的"编者按"，亦属于"编者的话"之类文字，从序末"作《伶官传》"几个字可以看出，作此短文是借以说明作此传的目的，然而又不是简单的说明性文字，而是通过对历史事实有针对性的深刻论说，道出令人警醒的历史教训，告诫统治者"忧劳可以兴国，逸豫可以亡身"，逸豫即舒适安乐，过于追求则玩物丧志，而且"祸患常积于忽微，而智勇多困于所溺"，所溺即沉迷过分无节制，欧阳修为此提出警示，必须时刻具有忧患意识，不要因小失大为逸豫和所溺而困，文虽短而情理清，精道的辩证思维和精妙的论证技巧，显示了古文史论的无上魅力，为新闻短论提供了可贵的经典范例。

如果说《伶官传序》是篇单独成立的"编者按"，或说是"编者的话"，那么像这样单独成立的短论形式在《新五代史》的本纪、列传、世家中还有很多，不仅如此，在欧阳修所独撰的《新五代史》里还有不少是单独成篇的"编后"，诸如《唐六臣传》文末一段精妙短论即是。所谓唐六臣，即是指唐哀帝时中书侍郎、同中书门下平章事张文蔚、杨涉，中书舍人、翰林学士张策，吏部侍郎、太常卿赵光逢，御史大夫薛贻矩，礼部尚书苏循六人。在唐哀帝被迫逊位后，他们不约而同摇身一变，当上了梁太祖朱温的高官，一起辅佐新朝主子。这种行径的人在封建正统观念甚强的史官欧阳修眼中，无疑是一群德行两亏的小人，因而就为他们作了一篇合传，其德行尽在叙事纪实的褒贬诛心文字之中。紧接六人本传之后，作者承引论之绪，又延引汉末史实，继续发挥议论朋党说的荒谬，与前序论前后呼应，相映生辉，淋漓尽致地阐发了作者对所谓"朋党说"的斥责。同样为了展示此传"编后"的表现形态，且将欧阳修所撰《唐六臣传》作概貌引录如下：

> 甚哉，白马之祸，悲夫，可为流涕者矣！然士之生死，岂其一身之事哉？初，唐天祐三年，梁王欲以嬖吏张廷范为太常卿，唐宰相裴枢以谓太常卿唐以清流为之，廷范乃梁客将，不可。梁王由此大怒，曰："吾常语裴枢纯厚不陷浮薄，今亦为此邪！"是岁四月，彗出西北，扫文昌、轩辕、天市，宰相柳璨希梁王旨，归其谴于大臣，于是左仆射裴枢、独孤损、右仆射崔远、守太保

致仕赵崇、兵部侍郎王赞、工部尚书王溥、吏部尚书陆扆皆以无罪贬,同日赐死于白马驿。凡缙绅之士与唐而不与梁者,皆诬以朋党,坐贬死者数百人,而朝廷为之一空。

明年三月,唐哀帝逊位于梁,遣中书侍郎、同中书门下平章事张文蔚为册礼使,礼部尚书苏循为副;中书侍郎、同中书门下平章事杨涉为押传国宝使,翰林学士、中书舍人张策为副;御史大夫薛贻矩为押金宝使,尚书左丞赵光逢为副。四月甲子,文蔚等自上源驿奉册宝,乘辂车,导以金吾仗卫、太常卤簿,朝梁于金祥殿。王衮冕南面,臣文蔚、臣循奉册升殿,进读已,臣涉、臣策奉传国玺,臣贻矩、臣光逢奉金宝,以次升,进读已,降,率文武百官北面舞蹈再拜贺。

夫一太常卿与社稷孰为重?使枢等不死,尚惜一卿,其肯以国与人乎?虽枢等之力未必能存唐,然必不亡唐而独存也。呜呼!唐之亡也,贤人君子既与之共尽,其馀在者皆庸懦不肖、倾险狯猾、趋利卖国之徒也。不然,安能蒙耻忍辱于梁庭如此哉!作《唐六臣传》。

张文蔚

张文蔚,字右华,河间人也。初以文行知名,举进士及第。唐昭宗时,为翰林承旨……

梁太祖立,仍以文蔚为相,梁初制度皆文蔚所裁定……

杨涉

杨涉,祖收,唐懿宗时宰相……涉举进士,昭宗时为吏部尚书……唐亡,事梁为门下侍郎、同中书门下平章事……

张策

张策，字少逸，河西燉煌人也。父同，为唐容管经略使。策少聪悟好学，通章句。……太祖即位，迁工部侍郎、奉旨。……

赵光逢

赵光逢，字延吉。父隐，唐左仆射。光逢在唐以文行知名……昭宗时为翰林学士承旨、御史中丞……

唐亡，事梁为中书侍郎、同中书门下平章事，累迁左仆射……

薛贻矩

薛贻矩，字熙用，河东闻喜人也。仕唐为兵部侍郎、翰林学士承旨……太祖即位，拜贻矩中书侍郎、同中书门下平章事，累迁司空……

苏循

苏循，不知何许人也。为人巧佞，阿谀无廉耻，惟利是趋。事唐为礼部尚书……梁太祖即位，循为册礼副使。

……

梁太祖已即位，置酒玄德殿，顾君臣自陈德薄不足以当天命，皆诸公推戴之力。唐之旧臣杨涉、张文蔚等皆惭惧俯伏不能对，独循与张祎、薛贻矩盛称梁王功德，所以顺天应人者……

……

呜呼！始为朋党之论者谁欤？甚乎作俑者也，真可谓不仁之人哉！

予尝至繁城，读《魏受禅碑》，见汉之群臣称魏功德，而大书深刻，自列其姓名，以夸耀于世。又读《梁实录》，见文蔚等所为如此，未尝不为之流涕也。夫以国予人而自夸耀，及遂相之，此非小人，孰能为也？汉、唐之末，举其朝皆小人也，而其君子者何在哉！当汉之亡也，先以朋党禁锢天下贤人君子，而立其朝者，皆小人也，然后汉从而亡。及唐之亡也，又先以朋党尽杀朝廷之士，而其余存者，皆庸懦不肖倾险之人也，然后唐从而亡。

夫欲空人之国而去其君子者，必进朋党之说；欲孤人主之势而蔽其耳目者，必进朋党之说；欲夺国而与人者，必进朋党之说。夫为君子者，故尝寡过，小人欲加之罪，则有可诬者，有不可诬者，不能遍及也。至欲举天下之善，求其类而尽去之，唯指以为朋党耳。故其亲戚故旧，谓之朋党可也；交游执友，谓之朋党可也；宦学相同，谓之朋党可也；门生故吏，谓之朋党可也。是数者，皆其类也，皆善人也。故曰：欲空人之国而去其君子者，唯以朋党罪之，则无免者矣。

夫善善之相乐，以其类同，此自然之理也。故闻善者必相称誉，称誉则谓之朋党；得善者必相荐引，荐引则谓之朋党。使人闻善不敢称，则人主之耳不闻有善于下矣；见善不敢荐，则人主之目不得见善人矣。善人日远，而小人日进，则为人主者，伥伥然谁与之图治安之计哉？故曰：欲孤人主之势而蔽其耳目者，必用朋党之说也。

一君子存，群小人虽众，必有所忌，而有所不敢为，唯空国而无君子，然后小人得肆志于无所不为，则汉魏、唐梁之际是也。故曰：可夺国而予人者，由其国无君子，空国而无君子，由以朋党而去之也。

呜呼！朋党之说，人主可不察哉！传曰"一言可以丧邦"者，其是之谓欤！可不鉴哉！可不戒哉！

(《新五代史》卷三十五　传文有删节)

这是《新五代史》卷三十五《唐六臣传》传略摘编，文末自然引出的一段议论（见画线部分），是传的组成部分，因为整体文字针对"朋党说"大发议论，不仅旗帜鲜明，而且立论精警，逻辑性强，环环相扣，构成了最为突出的艺术特色，是一篇有极强说服力的据实议论短文。因为短论居于六臣传尾，故称之为"编后"，名为《唐六臣传论》，亦未尝不可。

在六臣本传之前，欧阳修还精心结构序论一篇（见传之开篇曲线部分），引述唐末朝中发生的"白马之祸"，意在揭示撰写《唐六臣传》的目的。说是序论，其实不是论而是起说明作用的引言，引出了唐哀帝天祐三年（906年）发生的一件事实，即梁王欲举自己的亲信张廷范为太常卿，宰相裴枢极力反对，认为以唐之例太常卿一官当以清流为之，梁王由此大怒，借故将裴枢、独孤损、崔远等七人贬官，同日赐死于白马驿。此后"凡缙绅之士与唐而不与梁者，皆诬以朋党，坐贬死者数百人，而朝廷为之一空"。这就是历史上有名的朋党"白马之祸"。欧阳修认为："唐之亡也，贤人君子既与之共尽，其馀在者皆庸懦不肖、倾险狯猾、趋利卖国之徒也。不然，安能蒙耻忍辱于梁庭如此哉！"

置于"编后"的《唐六臣传论》，不光承接引言之绪，而且又展延汉末史实为论据，继续发挥议论朋党说的荒谬，与序言部分前后呼应，径写自己在繁城（故址在今河南临颍县西北）所见《魏受禅碑》文及平时所读《梁实录》的事实，将汉、唐两段极其相似的历史事件组织在一起，大发感慨。这既是论据的典型选择，又是新闻短论据事实而议的典型表现，其焦点就在于奸佞小人之所以抓住朋党说不放，就是要"空人之国而去其君子""孤人主之势而蔽其耳目"，从而"夺国与人"。他们以此为武器，将朝中正人君子及其亲戚故旧、交游执友、宦学相同者和门生故吏一网打尽，将君子赶尽杀绝，才能实现其"夺国而与人者"的罪恶勾当。这是对朋党说倡言者的最为有力的一击。文章最后一段又转入感叹，与首段相呼应，对全文论点进行总结，用"一言可以丧邦"，怒指朋党说足以亡国，以期引起统治者瞩目，足以令人掩卷深思。

唐吴兢《贞观政要·任贤》说："以铜为镜，可以正衣冠；以古为镜，可以知兴替；以人为镜，可以明得失。"欧阳修撰写《唐六臣传》及论的目的正是借古鉴今，用历史为现实服务。这让我们想到前面所述，景祐三年（1036年），范仲淹与宰相吕夷简在朝中发生争论，吕攻讦范"所引用，皆朋党也"，结果范仲淹、尹洙、欧阳修三人同被贬。庆历四年（1044年），朝中推行新政，朋党之论又起，杜衍、范仲淹、欧阳修等被指为朋党，愤激之下，欧阳修向仁宗上了一篇奏章《朋党论》，也被后世誉为欧阳修最好的文章之一。这是篇奏章，也是篇政论文，本著前已论及，称之为新闻评论上的"老三类"。与此《唐六臣传论》相比较，虽然论说的都是同一个话题，但政论文与短论，新闻评论"老三类"与新闻短论，于此处更加彰示出显著不同：一是《朋党论》是针对当时社会问题而言，不像《唐六臣传论》以具体事实为由头；二是《朋党论》以君子有朋，小人无朋为论点，正面反击政敌的攻击，引述的是古代的事例来辩护，而《唐六臣传论》针对六臣所表现的无德无行，痛斥他们诬以"朋党论"的行径，是为了"空人之国""孤人主之势""夺国与人",是比"朋党之论者"更加可恶的"不仁之人";三是《朋党论》作为奏章,虽针对的是当时朝政问题,但全文并未出现有关当下的文字,所举事例也都属当朝以外,文末所说"兴亡治乱之迹,为人君者可以鉴矣",仿佛也仅仅要还原一个事实,而《唐六臣传论》则紧扣"白马之祸",以及与之相关的所写六臣不仁行径有感而发,断言"朋党"之说是"一言可以丧邦"的始作俑者。这也再次呈现出新闻短论的据实有感、一事一议、借事说理、单刀直入、生动活泼的独特个性,以及可以作为编者按语灵活处置,既可放在文前、文末,也可有穿插于文中的表现形态。

由此看出,欧阳修编撰《新五代史》完全是借史喻今,特别是针对事实所发议论,更是借事说理,警示当下,为国家社稷而虑,替为政者着想。这些难得的议论,或在文前,或在文中,或在文末,因文而设,灵活多样,而在文前、文中、文末同时出现完整表现的形态也是常见之事,比如《宦者传》即是。且看全文概貌简录如下:

呜呼,自古宦、女之祸深矣!明者未形而知惧,暗者患及而犹安焉,至于乱亡而不可悔也。虽然,不可以不戒。作《宦者传》。

张承业

张承业,字继元,唐僖宗时宦者也。……晋王兵击王行瑜,承业数往来兵间,晋王喜其为人。……其后崔胤诛宦官,宦官在外者,悉诏所在杀之。晋王怜承业,不忍杀,匿之斛律寺。昭宗崩,乃出承业,复为监军。

晋王病且革,以庄宗属承业曰:"以亚子累公等!"庄宗常兄事承业,岁时升堂拜母,甚亲重之。庄宗在魏,与梁战河上十余……年，军国之事，皆委承业，承业亦尽心不懈。凡所以畜积金粟，收市兵马，劝课农桑，而成庄宗之业者，承业之功为多……

……

天祐十八年，庄宗已诺诸将即皇帝位。承业方卧病，闻之，自太原肩舆至魏，谏曰："大王父子与梁血战三十年，本欲雪家国之雠，而复唐之社稷。今元凶未灭，而遽以尊名自居，非王父子之初心，且失天下望，不可！"……庄宗不听。承业知不可谏，乃仰天大哭……肩舆归太原，不食而卒，年七十七……

张居翰

张居翰，字德卿，故唐掖廷令张从玫之养子。昭宗时，为范阳军监军……

庄宗即位，与郭崇韬并为枢密使。庄宗灭梁而骄，宦官因以用事，郭崇韬又专任政，居翰默默，苟免而已。

魏王破蜀，王衍朝京师，行至秦川，而明宗军变于魏。庄宗东征，虑衍有变，遣人驰诏魏王杀之……诏书言"诛衍一行"，居翰以谓杀降不祥，乃以诏傅柱，揩去"行"字，改为"一家"。时蜀降人与衍俱东者千馀人，皆获免。

庄宗遇弑，居翰见明宗于至德宫，求归田里。天成三年，卒于长安，年七十一。

五代文章陋矣，而史官之职废于丧乱，传记小说多失其传，故其事迹，终始不完……然独张承业事卓卓在人耳目，至今故老犹能道之。其论议可谓杰然欤！殆非宦者之言也。

<u>自古宦者乱人之国，其源深于女祸。女，色而已，宦者之害，</u>

非一端也。盖其用事也近而习，其为心也专而忍。能以小善中人之意，小信固人之心，使人主必信而亲之。待其已信，然后惧以祸福而把持之。虽有忠臣硕士列于朝廷，而人主以为去已疏远，不若起居饮食、前后左右之亲为可恃也。故前后左右者日益亲，则忠臣硕士日益疏，而人主之势日益孤。势孤，则惧祸之心日益切，而把持者日益牢，安危出其喜怒，祸患伏于帷闼，则向之所谓可恃者，乃所以为患也。患已深而觉之，欲与疏远之臣图左右之亲近，缓之则养祸而益深，急之则挟人主以为质，虽有圣智不能与谋，谋之而不可为，为之而不可成，至其甚，则俱伤而两败。故其大者亡国，其次亡身，而使奸豪得借以为资而起，至抉其种类，尽杀以快天下之心而后已。此前史所载宦者之祸常如此者，非一世也。

夫为人主者，非欲养祸于内而疏忠臣硕士于外，盖其渐积而势使之然也。夫女色之惑，不幸而不悟，则祸斯及矣；使其一悟，捽而去之可也。宦者之为祸，虽欲悔悟，而势有不得而去也，唐昭宗之事是已。故曰"深于女祸"者，谓此也。可不戒哉！

昭宗信狎宦者，由是有东宫之幽。既出而与崔胤图之，胤为宰相，顾力不足为，乃召兵于梁。梁兵且至，而宦者挟天子走之岐，梁兵围之三年，昭宗既出，而唐亡矣。

……及庄宗立，诏天下访求故唐时宦者悉送京师，得数百人，宦者遂复用事，以至于亡。此何异求已覆之车，躬驾而履其辙也？可为悲夫！

庄宗未灭梁时……有宣徽使马绍宏者，尝赐姓李，颇见信用。然诬杀大臣，黩货赂，专威福，以取怨于天下者，左右狎暱，黄门内养之徒也。……及明宗入立,又诏天下悉捕宦者而杀之……

明宗晚而多病,王淑妃专内以干政,宦者孟汉琼因以用事……而明宗以此饮恨而终……

呜呼!人情处安乐,自非圣哲,不能久而无骄怠。宦、女之祸非一日,必伺人之骄怠而浸入之。明宗非佚君,而犹若此者,盖其在位差久也。其馀多武人崛起,及其嗣续,世数短而年不永,故宦者莫暇施为。其为大害者,略可见矣。独承业之论,伟然可爱,而居翰更一字以活千人。君子之于人也,苟有善焉,无所不取,吾于斯二人者有所取焉。取其善而戒其恶,所谓"爱而知其恶,憎而知其善"也。故并述其祸败之所以然者著于篇。

(《新五代史》卷三十八 传文有删节)

宦官,又称太监,是中国古代专供皇帝及其家族役使的奴仆。宦官在先秦和西汉时期并非全是阉人,自东汉开始,宦官则全由阉人担任,又称宦者、中官、内官、内臣、内侍等。在东汉、唐、明等朝代存在着宦官掌握国家政务大权的情况。东汉的宦官多参与朝政,杀戮大臣,是党锢之狱的主要制造者。南朝宋史学家、文学家范晔整理各家关于后汉的史籍,开始从事后汉史的编纂工作。范晔凭着个人对历史问题的理解和一腔热情,终于写出了历史名作《后汉书》。此书大部分沿袭《史记》《汉书》的现成体例,但又有所创新,特新增了《党锢》《宦官》等七个类传。全书史实博采、结构严谨、属词丽密,与《史记》《汉书》《三国志》并称"前四史"。《后汉书》不仅论述精妙,而且诸多类传都加了最为可贵的论赞,这是范晔得意之笔。范晔撰写史书,主张"欲因事就卷内发论,以正一代得失"。在他看来,写史要为政治服务，关键处采用论赞的形式，以明文评论史事，史论于是成为《后汉书》一大特点。

而欧阳修所撰写史著中的论赞，又是对《后汉书》等史论的进一步创新，单就欧阳修所撰《宦者传》之史论表现形态而言，不仅有范晔所创之序论，而且有文中之论、文后之论，即今天所说的编前、编中以及编后。这亦是当今新闻报道所要汲取借鉴的范本。在此《宦者传》中，其序仅有不到六十字（见曲线部分），不像范晔所写《宦者传序》洋洋洒洒千言以上，但细读一下，亦并不像今天有些新闻编者按的提示或介绍类，欧阳修短短几十字却充满了深刻的议论色彩。开论即"呜呼"，既是《新五代史》所作史论的一大特点，也是欧阳修以史为鉴的万千感慨。一声长啸引出的是史论的论点，更是对后世的警钟长鸣。且看："自古宦、女之祸深矣！明者未形而知惧，暗者患及而犹安焉，至于乱亡而不可悔也。虽然，不可以不戒。作《宦者传》。"虽然只有四句，五六十字而已，短论之短可见一斑，却足以振聋发聩。自古以来宦官造成的灾祸都十分深重，头一句就点明了主题；关键在第二句，明察是非的人在灾祸还没有形成的时候就懂得畏惧，昏庸暗昧的人灾祸发生了还安然处之，以至于动乱灭亡不能追悔。这一句一波三折，充满辩证思维和郑重警示，从而为文中重点短论，以及文末之"编后"作了极其厚重的铺垫，打下短论基础。第三、四句轻轻一笔，也是叩人心扉，强调作《宦者传》的目的，令人引以为戒，亦足见短论作者字字珠玑之深厚功力。不因字少而不议，不因文短而不论，如此短论，在早期革命家笔下亦是多见，李大钊便是，他和20世纪初叶的中国启蒙思想家们，几乎无不在关注民族前途命运的基础上，对国家制度建设提出自己的见解。与陈独秀等人相同，李大钊也为一些报刊专栏写了大量时评短论。这些短论论题十分广泛，观点独到，文笔犀利，长者数千言有之，短者几十字也不少见，特别是《每周评论》断想、《新生活》片语等，大多五六十字，或七八十字而已，真是只言片语皆为珠玑翠羽，虽是短论却被读者誉为"只眼"（见1919年7月13日《每周评论》第30号）。

"只眼"意即独特见解。古今政治家、思想家、史学家等皆独具"只眼"。欧阳修也是如此。在自古以来对宦者一片叫打声中，欧阳修在《宦者传》中的三段短论中，提出了"自古宦、女之祸深矣"的独特观点，而且分部论辩，三部分言简意明，互为因果，层层递进，发人深思。如果第一部分短论为引论的话，那么第二部分短论（见传中画线部分）即文中短论则为主体，这一部分延续了序论宦者、女色为祸的论题，而且更进一步，即宦者乱人之国深于女祸，宦者接近皇帝，熟悉皇帝的生活习惯与思想志趣，一旦弄权，为确立威望，会特别专横残忍。他们先以"小善""小信"固人主之心，一遇信任，即时进谗言，用祸福之事吓唬君主，离间重臣。君主由此会对宦者"日益亲"，对忠臣硕士"日益疏"，而人主之势亦会"日益孤"，其惧祸之心会"日益切"，宦者对人主的把持也就"日益牢"。于是，国家的安危就会取决于宦者的喜怒，亡国的祸患即潜伏在廷帷之间。等到皇帝清醒过来，发觉养祸已深，想与已被疏远的朝臣一道清除为非乱政的宦者，但如果进行缓慢，则难以铲除；若操之过急，谋划不周，那宦者就要挟持人主作为人质，使得人主与朝臣无法共图义举。即使付诸实施，也必然是两败俱伤，甚至弄得"亡国""亡身"，奸豪借此乘机而起，尽诛宦者而取代国政。这就是汉唐宦者乱人之国的惨痛历史教训。作者认为，再蠢笨的人主也不想养祸于身边而疏远忠臣硕士，全因为宦者用事阴险渐积而为。这不像女色之祸，即使一时没有暴露也造不成大错，等到发现时"捽而去之可也"。宦者之祸则不然，即使悔悟，其势大则不能为。唐昭宗之教训就是例证，故曰宦者之祸深于女祸。实在是不可不戒！此短论从宦者乱国形成的原因，条分缕析，层层演进，可谓事显而意明，情深而理切，堪称卓荦千古之文。

全传看似写人写事，其实是以人显事，以事说理，写人纪事均为议论服务，尤其令人意外的是，作者为世人所憎恨的宦者写传，却一开始写了两个宦者的正面人物张承业、张居翰，两人均忠于皇上，为社稷着想，实乃宦中之卓卓者，遗憾的是他们却得不到君主的信任，以致忧愤而终。此传论之后，才叙唐昭宗被幽，既出，召兵于梁，及庄宗访求故宦，而用马绍宏，结果祸起绍宏。明宗入立，又诏天下悉捕宦者而杀之。遗憾的是明宗晚年多病，王淑妃专内以干政，宦者孟汉琼因以用事，俱致祸乱事迹，到头来明宗以此饮恨而终。正如清代唐德宜所言："宦者之祸，千古共愤，此篇历数所以固宠之故，及人主欲去之难。言言痛切，字字透快，凡为治者，当以此为鉴（《古文翼》卷七）。"

"编后"即第三部分短论（见传末画线部分），是全传的收尾，也是从另一个侧面来论说宦祸之因，即人君也是人，久处安乐，难免骄怠，而宦、女之祸正是乘人骄怠而浸入，明宗不是追求享乐之君，还犹若如此，其他没有出现宦者之祸的君主，恐怕是因在位不久，"宦者莫暇施为"。作传或是写论，都从实际出发，是史学家也是新闻工作者应取态度，写史以喻今，写新闻报道以育人，实在是要"苟有善焉，无所不取"，此传以宦、女之祸警世，却为张承业、张居翰"伟然可爱"之处作传，更尽述宦者祸败之所以然，体现了作传与短论之根本目的——"取其善而戒其恶"。

　　总体看来，欧阳修所写宦者论，无论是"编前""编中""编后"，三段短论各有侧重，均切口小，议论精，令人思，真正体现了韩愈所倡导的古文运动之精髓，既文以明道，又"务去陈言""词必己出"。欧阳修凭借其政治地位，大力提倡古文，全面继承和发展了唐代古文运动的特点。无论是议论，还是叙事，都是有为而作，有感而发，其《新五代史》诸多短论，既总结历史教训，又鲜明地表达了自己的褒贬意向，对当时乃至后世都有着极其重要的影响。这与新闻报道写人纪事所引发的必要议论，以及所配发的短论，完全是同出一辙。品读古文经典和优秀史传，特别是其中的短论等，无疑是提升新闻报道品质的重要途径。

　　当然，无论是人物报道，还是纪事，以及融媒产品等，都不大提倡记者站出来说话，不提倡过多的议论，主要是突出新闻主体，让事实感染人，但这并不是说就不要议论，依据人物和事实发展，顺势而为，有感而发，来那么几句议论，不仅不会影响新闻事实上的报道，而且会提升报道质量，这与当今提倡采写有思想、有温度、有品质的新闻并不矛盾。古代纪实大家的为文之法在今天依然可取，而且在许多优秀新闻作品中都有很好体现，其中精妙的议论不仅不会影响报道的韵味，而且显然提升了报道的内涵，是报道质量的催化剂和闪光器。这里不妨看看《人民日报》记者采写的两篇新闻报道作品，一篇是消息，一篇是通讯，其中的议论，即短论，显得那么得体，那么不可或缺。

　　先看消息《"五个担心"让领导出一身"汗"》，这是刊登在《人民日报》2013年8月11日一版的头条新闻，因为报道瞄准基层干部为上海市委常委上课这一独特视角，并以此为肩标题，引出主标题"五个担心",针对基层干部"五个担心"重要内容,问题单一,切口小,主题大,写出了基层干部的真情实感,而且巧用议论,一再提升令人警醒,所以报道见报后,众多网友在人民网跟帖给予热情的肯定和点赞。因而,在第24届"中国新闻奖"的评选中,被评为消息二等奖。且看:

担心一　基层管了不该管的事,费力不讨好
担心二　该管的事没人管,社会管理有真空
担心三　统筹安排考虑不周,基层难以应对
担心四　流于形式,不能解决百姓切身问题
担心五　面对突发公共事件,不能妥善解决

　　本报上海8月10日电（记者刘建林、谢卫群）"上上下下说要为居委会减负,减了几十年了,没有感觉到减了多少事,却感到事情越来越多、越来越难。"这是上海长宁区虹储居民区的党总支书记朱国萍的心里话。她与另外3位基层干部纪维萱、徐遐蓉、杨兆顺一道,走进上海市委常委学习会,以亲身经历讲述官僚主义、形式主义的危害。基层干部的担心,让出席会议的所有干部出了一身"汗"。

　　把基层干部请进来当老师,这是中共上海市委常委扩大会上的一幕。4位来自基层一线的党务工作者一一诉说心声和烦恼,上海市委常委以及党的群众路线教育实践活动中央督导组成员、各区县主要领导都认真当起了"学生",接受基层干部的当面批评。

　　中共中央政治局委员、上海市委书记韩正说:"搞好党的群众路线教育实践活动,首先要抓好学习教育,拜群众为师、向群众学习，把宗旨意识、群众路线真正装到心里去。党的干部对群众有真感情，一切以群众利益为重，才能敢负责、敢担当。什么是官僚主义、什么是形式主义，来自一线的同志们最有感受！今天请你们放开讲。"

朱国萍放开讲了"五个担心"。她的一番话让现场领导们很受震动："各部门布置的任务，各条线的试点工作，往往让基层应接不暇。关键是，忙忙碌碌，却碌碌无为，真正有实质内容的不多。有时，我们不得不以形式主义应付形式主义。"

在居委会工作整整23年的朱国萍的话不断引发与会者的笑声和掌声，并引起大家沉思。"在基层，照文件办事最容易，但结果常常是相互推诿、不作为，这样老百姓的急难愁就没了着落。老百姓的怨气不会因为你简单一句'法规政策不允许'就消除。"朱国萍说，"通过一件件突发事件，我更坚定一个信念，只有多为百姓做好事，做实事，在突发事件面前，老百姓才可能信任我们。"

此条消息的前后两段画线部分，不用说就是短论，如同上述所引欧阳修《宦者传》中的短论表现形态一样，有着文中、文末的编者按语意义，是就事而论，也是有感而发，是一事一议的典型议论。文中的领导人讲话是短论的主体，文末的短论则是结论，整体稍加整理就是一篇完整的优美短论。事实在于导语里面，浓缩成一句话就是：官僚主义、形式主义的危害，让基层干部十分担心。由此让市委领导有感而发，提出党的领导干部要对群众有真感情，办真事，办实事，这番言论很有针对性，因而也引出了末尾处基层干群的心里话，即期盼上边多为百姓做好事，做实事，这样才能取得老百姓的信任。其中的议论多为精彩的引语，经过记者精心整理，变成了大实话，准确、简洁、生动，不虚不假，切中要害，对增强报道的思想性、可信性和感染力，起到重要作用。消息不长，而议论却占了相当部分，但读起来并不显得多余，而且感到非常必要，假如没有这些短论式的议论，消息就会显得轻飘飘的，足见短论对于新闻报道的分量和重要性。当然并不是所有的报道都要强调议论，应该根据报道需要，顺势而为，需加就加，不需加的绝不可硬要穿靴戴帽，而且要强调议论恰到好处，需长则长，需短则短。新闻报道中的短论，与史传所含短论相比较，又有很大不同，史传中短论是尽兴而为，新闻报道受字数限制，其短论则要以达意为原则，意到则止。

不难看出，上述消息因为有了精当短论，也就有了新闻硬核上的闪光点，如同史传中的史论，给文章增加了亮色，让新闻报道在思想性上提升一步。其实，各类报道，包括人物、纪事、融媒产品等，在适当的位置、适当的时段，来点儿适当的短而美的精短议论，自然会给报道带来不一样的效果，无数古文名篇名著验证了这一点，各类新闻报道名篇名品也给出了成功例证。上述消息作品是，《人民日报》记者王慧敏所写人物通讯《"老鲍啊，是棵实心竹"》也是。这是记者采写的"改革先锋风采"稿件，一经见报即引来一片好评，有专家专门为之著文喝彩叫好，说是文字简洁，人物性格鲜明，全文不到千字，记者用白描手法，简笔勾勒，抓住人物特点，把新闻人物写得活灵活现，如在目前，过目难忘。其实除了简笔写人外，其中的短论处理，更令通讯大放光彩。不是吗？先看版面处理，在通讯正文之前，一句非常提神的话语，用五号楷体标出，此处为了与引文有别，特用画线标示,这就如前述《新五代史》序论一样,此为序文,也是"编者按",对人物出场起提示引导之功,更为文中短论(画线部分)作了必要铺垫和点题。且看全文如下:

<u>牢记习近平同志的嘱托,鲍新民带领余村人开始了探索,奏出了悦耳的"绿色变奏曲"。</u>

一搭手就知道,这是一个敢作敢为、生命里镌满风霜的硬角色。瞧,粗硬的手指铁铸一般。

可不,鲍新民的前半生,一直与硬撅撅的石头打交道。1992年他当选村委会主任时,村里的"石头经济"正火:村边山坡上一天到晚炮声"隆隆",漫天的粉尘让街巷、房舍像披上了一袭轻纱……

尽管"卖石头"给村民带来了可观的收入——每年村里有300多万元纯利润,名列安吉县各村之首。可是,鲍新民的心却在滴血:青山不见了,绿水不见了,就连村头那棵屹立了近千年的银杏树也不结果了。更糟的是,先后有5名矿工遇难……

再也不能这么活!2003年夏,村领导班子果断做出一项决定:关停矿山,让山川大地喘口气。

这一下可捅了马蜂窝:村集体收入一下子骤降至20万元。许多村民依靠矿山生活,没了饭碗能不急头白脸?"走,找鲍新民去!"

山里人,脾气犟,鲍新民没有退缩。

2005年8月15日,时任浙江省委书记习近平同志到余村调研,听了村党支部书记鲍新民的汇报后,高兴地说,<u>下决心停掉一些矿</u>

山,这是高明之举。熊掌和鱼不可兼得的时候,要知道放弃,一定不要再去迷恋过去那种发展模式,其实绿水青山就是金山银山。

牢记习近平同志的嘱托,鲍新民带领余村人开始了探索,奏出了悦耳的"绿色变奏曲":对全村生态进行了大修复,办起了农家乐、推出漂流项目、发展观光农业……

时隔13年,记者走进余村,但见翠竹绿林连绵起伏,穿村而过的小溪碧水汤汤。村中心道路上,时不时穿梭着杭州、上海、苏州等地牌照的旅游大巴。如今的余村,村强、民富、景美、人和,成为践行"两山"理念的生动典型。

鲍新民告诉记者:"去年,全村人均收入超过了4万元,大部分人家买了小轿车。"

2011年,连续担任两届村支部书记的鲍新民从岗位上退了下来。但是,他哪能闲着呀——当起了村务监督员。对他,这个职务可不是个摆设:村里的发展思路有不合理地方他会犯颜直谏,游客乱扔垃圾、哪家农家乐偷排污水,他会上前理论……

安吉多竹,说起竹子,当地人爱这样形容:"山间竹笋,嘴尖皮厚腹中空。"可提起鲍新民,村民们说:"老鲍啊,是棵实心竹。无论做人还是做事,实诚!"

(《人民日报》2019年1月23日 记者:王慧敏)

从上面引文可以看出,开头的画线部分表明,作为"编者的话",或编者按语的序言,其实就如同正剧前的报幕,简洁明快的几句话,给正文部分作了很好的说明或者引导,当然这不是短论,只能算是简短的引语。不过因为有了这个引语,让人物通讯一下提高了几个分贝,接下来作者又在写作技巧上下功夫,将人物通讯写得鲜活灵动,引人入胜。其写人纪事的技巧在笔者有关专著中已有剖析,此处所要说道的只是文中画线部分的几句响亮短论。通讯介绍,"时任浙江省委书记习近平同志到余村调研,听了村党支部书记鲍新民的汇报后,高兴地说"了这一番语重心长的话:"下决心停掉一些矿山,这是高明之举。熊掌和鱼不可兼得的时候,要知道放弃,一定不要再去迷恋过去那种发展模式,其实绿水青山就是金山银山。"这些话字字珠玑,振聋发聩,沁人心田,是引语,也是议论,而且是充满辩证思维的短论,是针对"村领导班子果断做出一项决定:关停矿山,让山川大地喘口气"的新闻事实而发出的言论,指出下决心停掉一些矿山,是高明之举,在鱼和熊掌不能兼得时,懂得了放弃,放弃的是开矿对绿水青山的毁坏,得到的是真正的金山银山。有了如此一番高屋建瓴的论断,整篇新闻通讯都亮堂了起来,也使人物更为高大起来,以人显事,以事见理,序论所说的"绿色变奏曲"也因此而愈加响亮悦耳。在这里,文中的短论就是点睛之笔、提神之笔、高光之笔,由此也让人明白,短论在新闻报道中的灵活表现形态,以及精灵妙用和写作技巧等,也就愈加值得探讨研究,并力求发扬光大。

笔者在长期的新闻实践中,尤为看重短论的写作,不仅学习写作了数量不少的"今日谈""人民论坛""人民时评"等,还把短论应用到新闻报道中,借以提升新闻作品的思想性、深刻性和感染力。同时,由于短论运用得好,还点燃了编辑热情,或编前精妙短论,或加按语提示,从而将稿子编辑制作得更为亮丽可爱。比如在此前的有关著述中所分析研究的大量重点稿件,都是因为文中的恰切议论,也就是油然而生发的短论,不仅增添了稿件的亮色,而且激发起编辑对稿子的热爱，和记者一样投入稿件中来，或在标题制作上下功夫，或给稿子配发相当精准的或"编前"或"编后"的相关议论等，总体是让见报稿件的品质得到了进一步提升。别的不说，就分析一下两篇头版头条背后的故事吧。一篇是有关区划调整的头条《巢湖拆分　经济洼地迈上高地》，一篇是有关企业发展辩证法的头条《荣事达的哲学大视野》，两篇重点报道涉及的议论，亦无不恰切地体现了新闻短论的精妙点题，和不同的表现形态。

先看区划调整的头条，这是个敏感话题，过去连个地方名字的更换取舍都会引起很大波动，区划调整牵扯面更大，其敏感度更强。安徽将原来的巢湖市一分为三，不仅成全了省会城市合肥的大湖名城梦想，还让偏安一隅的芜湖、马鞍山实现了跨江发展，作为长期驻皖记者，深知安徽的这一动作十二分的必要，而且拆分之后的裂变效果更作出了证明。正是基于这一点，笔者决定作篇重点报道，在说服了编辑部和地方领导之后，和记者一起投入采写，为了让敏感的话题变得不再敏感，稿件除了以事实说话，还适时加入了有关短论，比如在第一部分"以分促合，打造三大经济体"中，就引入了省发改委副主任的话，作了最权威的分析，他说得很形象，也很有道理，能够起到四两拨千斤的以理服人效果：

"孩子长大了，就不能再穿着过去的旧衣服，对于城市经济社会的发展而言，旧的巢湖成为经济发展的洼地，被人形容为小马拉大车，必须进行科学的调整。"安徽省发改委副主任如此形容。而拆分巢湖后的局面，则是大马带小马。

这是通讯中的引语，也是新闻稿件中的短论，是就巢湖拆分区划调整这一事实而引发的议论，形象生动，有针对性，更有说服力。接下来，在稿件的第二部分，围绕大马带小马，小马必须提速，等高对接方能同频共振再行引出画龙点睛般的议论，验证拆分能够以强补弱，融合发展。而在第三部分则从更长远的发展观考虑，写好以江为核，重点做好产业大文章。通过上述三部分，既讲了拆分的必要，又讲了拆分带来的实惠，更讲了发展的前景，在敏感话题上做足了文章，然而这不是一般的事实报道，这是针对区划调整敏感话题的问题报道，要把问题说清楚，不光事实要写充分，而且道理还要更明白，仅靠引语分析尚觉不够，结尾处记者顺势而为，再次站出来晓畅明快而高屋建瓴地议论了一番：

并非为了调整而调整，而是为了科学发展，更快赶超而落子，安徽这步棋，正在引领着一次区域经济发展的大变革。

在一些区域专家看来，合肥与长江的距离拉近，与跨江联动发展的芜湖和马鞍山紧密相连，将形成一个具有区域带动和辐射能力的新兴城市带——江淮城市群。而推动江淮城市群的发展，除了三点开花，还在于区域联动，让交通、区位、产业、人力等各方面发展要素能够更快流通、互补，积极融入长三角地区产业分工体系。

不用说，这一段议论不光强化了安徽区划调整的必要性，而且更凸显出了科学性，并非为了调整而调整，而是为了科学发展，更快赶超而落子。这就真正把一个敏感问题说明白、道清楚了，是事实证明，更是专家析理佐证。更为重要的是，由于恰到好处的议论，也就是记者站出来所加的短论，亦即新闻报道的"编后"，或者说是"太史公曰""臣光曰"，给新闻报道加持，让事实更具说服力，同时也使编辑陡增了莫大兴趣，在标题制作上，又一次提升安徽新闻的价值，即将短论中最为精妙的语句提炼出来，横空推出漂亮的肩标题——"科学发展一步棋　引领一次大变革"，放在了主标题之前，让主标题有了最强大的支撑。这难道不是报道中的"编后"短论所带来的意外效应吗？

其实不仅敏感问题的报道，需要精辟透彻的短论，就是成就性报道或经验性报道，还有带有辩证色彩类报道，无不需要富有深意的短论提神。在这些报道中，适当而适时的短论会增添新闻作品的深度，增强报道的感染力。笔者在几十年的新闻从业中，大量的头版头条中不乏精巧的短论，不少还就成了读者传诵的妙语佳句。比如《灾后五年看安徽》(《人民日报》1996年12月7日)成就性报道中，在"安徽把眼光聚焦于科技和教育，聚焦于可持续发展上"的段落中，就顺势而为来了几句短论："人们似乎一夜间明白了一个浅显的道理，穷与愚穿着连裆裤，人的素质的提高才是创造一切的资本。1991年的大水，给安徽教育事业带来的损失是惨重的，但也更加刺激起全省人民空前的助学兴教热情。"比如《开拓农民增收新渠道》(《人民日报》2001年5月19日)经验性报道中，于"比优势，寻潜力，选准产业路"章节里，又有非说不可的短论出现："提起山西，人们自然会想到那首《人说山西好风光》。可是不知从什么时候起，这首好歌却让山西人越来越感到尴尬。自然资源的过量开采，生态环境的无情破坏，使黄土高原成了贫困荒凉的代名词。难道山西只有煤、醋和酒？难道山西再没有其他的优势和潜力？越来越多的人在思考，在寻觅。人们看上了那七沟八梁一面坡，看上了那冷暖分明的好气候，看上了神农后裔留下的品种繁多的名特农产品。富有基层工作经验的副省长范堆相说得有理：用市场的眼光看问题，劣势往往变优势。"

此等切题短论，在笔者许多头版头条稿件中时有出现，而又让人觉得非加不可。新闻报道是舆论工作重要载体，如同古文讲究文以载道一样，是党的宣传工具，要以理服人、以教化人，不把报道中的道理讲清楚、弄明白，就起不到应有的作用，而适当适时的议论，或曰短论的切入，就能够起到响鼓重锤的效果。所以说，这既是如史论在史传中的表现形态问题，更是新闻报道提高作品思想性和感染力的组成部分。在一般的报道中需要必要的短论，在特殊的饱含思辨性的报道中更加需要加强短论，以及增强整体思辨性文章气息。比如笔者所执笔的头版头条作品《荣事达的哲学大视野》（《人民日报》1996年3月28日），既有适当适时的短论形态，又有全文整体思辨性语言意味，把一篇重头报道整得可谓风生水起。且看报道中诸段短论是如何展现的：

<u>哲学，一旦为群众所掌握，就会产生巨大的物质力量。来到安徽合肥荣事达集团公司，所见所闻，更令记者体味出哲学这一锐利武器的深刻内涵。</u>

……

<u>有趣的是，荣事达一直协办着大型期刊《哲学大视野》，这个由荣事达人创意的名称，道出了他们生存和发展的哲学思辨。</u>

供大于求中同样隐藏着发展机遇　以高科技含量产品抢占市场

在荣事达,总经理常说:"太阳只有一个,照在地球各处不同;市场也只有一个,谁能争抢得多,谁才能活得更好!"

对此话的有力印证是,全国洗衣机市场竞争日趋激烈,短短几年我国已发展为世界洗衣机生产大国,出现了供大于求的现象。

荣事达人相信竞争是市场经济的共性,但竞争中又隐藏着发展的机遇。即是说,在总量上供求矛盾突出,竞争激烈,但在需求的品种、质量上又有发展的前景。他们认为,在竞争中抢占市场,要靠新品种、高质量、低成本。这种动态的产品运作将是永无止境的。

……

0.1%和100%终成为奇妙等式
"零缺陷管理"视消费者为真正"上帝"

企业追求的最基本目标是争创知名品牌,并以此为支点,撬动整个市场。荣事达人认为要达到这一目标,仅靠引进是不够的,还必须想办法激活集团的每个细胞,以壮企业肌体。总经理说,引进再先进的技术都是国外相对落后的,更何况还有许多富有"中国特色"的东西是引不进来的。就是说,创造真正先进的东西,还必须有更为先进的意识才行。

……

荣事达人正是这样,循着相对之轨迹,在振兴民族工业的感召下,追求完美,追求卓越,不断驶向高层次的"绝对"之彼岸。

高峰不是顶峰　发展不是成功　在不断否定自我中螺旋式上升

<u>可以说，荣事达10多年的奋斗都是为了创造出自己的品牌。为了一圆名牌梦，荣事达进行了卓有成效的资本营运，遵循了一条不断否定自我的前进之路。</u>

……

<u>砸牌、借牌、创牌，荣事达依据市场规律，于否定之否定中获取新生，螺旋式走出了兴旺发达新途径。</u>

<u>砸牌、借牌、创牌，荣事达于发展、完善自己的辩证过程中，实际进行着的是有形和无形资本的巧妙运作。名牌是价值连城的无形资本，其背后又是以有形资本运作为靠山的。</u>……

……

<u>"高峰不是顶峰，发展不是成功"。……荣事达"九五"的发展战略是"站稳身子，伸出双拳"。站稳身子，就是继续做好洗衣机产品，逐年提高市场占有率，本世纪末达到20%左右。伸出双拳，是发展新的家电产品，实现多品种扩张，使荣事达成为生产系列家电产品的大型企业集团。目标远，措施实，在市场经济中有了这种科学世界观和方法论的良好结合，相信荣事达在振兴民族工业中，定会一步步创造出更为辉煌的业绩。</u>

（正文有删节）

细读上面的文字，足以发现，除了通讯的开头部分相当于序（曲线部分），起到对此新闻事实的介绍外，其他三部分中画线文字，全都是文中短论，而且这些短论与每部分的小标题紧密呼应配合，是对每个小标题的阐释，更是对每部分事实的辩证推理，从而让每部分的新闻事实更加真实服人。大标题是哲学大视野，小标题道出了事物发展三大规律，短论在发展三大规律上进行辨析，整篇报道充满了哲学思辨性。如果没有一段又一段插在文中的短论，显然无法彰显通讯大标题的题意，无法体现企业发展的哲学理念；如果记者对哲学不熟稔，不弄懂弄通哲学的基本原理，同样无法与新闻事实融会贯通，进而以通俗的语言表达企业发展中哲学理念的运用。事实是，笔者为了真正把荣事达不平常的发展轨迹与哲学的关系弄清楚，首先是认真通读了《辩证唯物主义和历史唯物主义原理》一书，记下了大量笔记和思考，弄通了事物发展在矛盾运动，而矛盾运动又体现在三大规律上，然后围绕企业发展的历史阶段，从质量互变、对立统一和否定之否定三个方面做文章，把事实与短论结合起来，既报道了企业发展的事实，又说清楚了企业发展中的辩证法，其中的每一部分短论都充满了哲学的意味，真正给读者一种全新的阅读品鉴。

企业自觉地运用哲学理念迅速发达兴旺起来，通讯努力将企业发展中的哲学理念发掘出来，又很好地用短论形式，在新闻通讯中将事实与哲学理念体现出来，正因为此，首先感动了编辑，调动起了编辑为稿件配发言论的激情，一篇同样充满哲学意味的"编者按"更让新闻作品增光添彩。且看：

> 常言道："市场如战场"。这话虽不能说是真理，却反映出二者有很多相似或相通之处。在战场上要克敌制胜，不能不讲谋略；在市场上要稳操胜券，也不能不讲谋略。而高明的谋略，也离不开马克思主义哲学的指导。

> 在长期的中国革命战争中,毛泽东同志不但领导我们战胜强敌,取得了一个又一个伟大的胜利,而且写下了《实践论》《矛盾论》《中国革命战争的战略问题》等一系列光辉的哲学著作,成为指导我们革命和建设的强大思想武器。
>
> 今天,我们发展社会主义市场经济,建设有中国特色的社会主义,同样离不开马克思主义的哲学。时代呼唤哲学,哲学推动改革。荣事达集团的领导者重视运用唯物辩证法分析和解决企业发展中的各种矛盾,取得了可喜的成果。更多的企业也这样办,那么就必将在神州大地出现一个经济繁荣与哲学繁荣并举的欣欣向荣的新局面!

精妙的编者按语让新闻通讯增光添彩,使充满哲学意味的报道分外迷人,报道推出后得到各方普遍好评,不少媒体作了全文转载,更为可贵的是,报道还赢得了总编辑的报外点评,时任总编范敬宜在当天的"总编辑值班手记"上同样留下一篇精妙的短文,称赞《荣事达的哲学大视野》跳出了一般反映一个企业发展历程的套路,而把文章做在用马克思主义哲学指导改革和发展上,立意高,角度新。总编辑还说,我们的记者在采访中要时时想到"高出一筹"。如何才能高出一筹?最重要的是站在"制高点"上来观察、分析、认识问题。这个制高点就是基本理论、基本路线、基本政策,特别是运用马克思主义哲学思想来指导改革和发展。这个问题十分重要,但还没有被人们所充分认识。我国的改革和发展能否顺利进行、少走弯路,关键是避免形而上学和机械唯物论。这就要求各级干部多一点哲学思考。总编辑还讲到当年毛主席高度评价徐寅生关于打乒乓球的文章,称赞文章不是就打乒乓球讲乒乓球，而是讲出了辩证法，不仅对运动员有启发，而且对各行种业都有启发。总编辑要求将此通讯推荐给各地记者一读。范敬宜先生还特别提醒说，当然，这绝对不是要求我们写每篇文章、报道都去"穿靴戴帽"，而是要求我们的文章、报道中的事实，能够体现出哲学思想，顺乎自然，合乎实际，这才是对新闻报道中"理论色彩"的正确解释。总编辑的手记其实就是一篇地地道道的新闻短论，既是对此通讯的高超点评，也是对新闻业务的辩证思考，为新闻事业发展，也为新闻短论在报道中的运用指明了方向。事实也是，在新闻报道中，我们绝不能为了增强理论色彩而硬要强加短论，必须是顺乎自然，合乎实际，才是新闻短论运用上的媒体正道。

记者也要学会写点短论

提出这个问题，是由评论的重要性，以及短论从评论派生而来，从古文论说文中走来，古今短论不同的表现形态和作用所决定的。

于宁、李德民先生在其《怎样写新闻评论》专著中提出，人人要学会写评论，因为胡乔木曾经提出人人要学会写新闻，而评论是新闻不可或缺的组成部分，有新闻就要有评论，无论是传统媒体，还是互联网时期的新媒体，都离不开评论。而由新闻评论派生而来的短论，与新闻有着与生俱来的联系，不论是各种专栏中的署名短论，还是穿插在各类报道中的短论，都对提升新闻报道和媒体影响力发挥着极其重要的作用，更应该引起记者的青睐。记者是新闻报道主力军，也应对与新闻报道不可分割的短论格外重视。署名专栏短论来自群众，面向群众，为群众所喜闻乐见，这也给记者参与其中提供了宽广舞台；写好短论对提升各类报道质量有益，无论是穿插在报道稿件之中，还是单独配发短论，都会起到画龙点睛效果，更要求记者动起手来，学习写作短论，以增强报道质量。

谈到人人学会写评论建议时，于宁、李德民先生指出，很多从事新闻工作的同志重视消息、通讯、报告文学的写作，不大重视评论的写作，有的甚至不会写评论。这是令人遗憾的。由此，他们提出，如果善于写报道的同志又会写评论，来个"自拉自唱"，写的报道就会如虎添翼，就会"升值"，影响就更大了。这个教诲是发自肺腑的，是历史的经验所验证的。从古到今，各类人物、纪事文体，或侧记、素描、特写等，为了起到文以载道、警世济用，无不在短论上下功夫，进而增强作品感染力，成为令人称道的佳作名品。

笔者在长期新闻实践中，也深深体会到，学会写点短论，不仅对丰富媒体评论有益，而且对提高自身素养大有裨益。就像于宁、李德民先生所说，写报道与写评论，一个较侧重于形象思维，一个较侧重于逻辑思维，学会写评论，亦即学会写短论，有助于进一步提高记者对事物的观察、分析能力，也有助于进一步提高新闻写作的水平。其实，在新闻写作上，形象思维与逻辑思维并不能截然分开，两者应该是相辅相成、相得益彰。为什么笔者在过去的新闻采写上，能够不断写出那么多的头版头条等重头稿件，就是因为在报道平常的事物中，运用形象思维和逻辑思维，挖掘出新闻事实中的真正价值，或以短论提升，或用思辨性语言表现，令稿件给人以深沉的玩味品尝。

学会写短论，对于记者而言，还有别样的收获，那就是多一把刷子，就有了多一手获取意外惊喜的本领。当别人抢先报道了新闻事实之时，你可用短论去偿补缺失；当别人没有发现新闻事实时，你可用事实报道加短论获得双重收成。事实是，因为短论是别样思维，遇到新的事物，总会比别人多一样思考，因而也会多一种对事实的表达方式，角度新颖的短论总能给自己开拓新的收获渠道。

问题是记者怎样才能写好短论，这是值得认真研究琢磨的。有关写作技巧上的问题，在以后的专门章节中还会谈到，这里主要说说如何提高写好短论的基本素质问题。邵华泽先生在《同研究生谈新闻评论》一书中，就提高评论员素质讲得非常好，对提高记者新闻短论素质有很强针对性,那就是学习、学习、再学习,深入、深入、再深入。当然,这是对专业评论员说的,对于学会写点短论的记者来说,那还要再加两句,即多思、多思、再多思,练笔、练笔、再练笔。所以,借鉴提高专业评论员素质的根本途径,新闻记者如何提高新闻短论的素质,可以从以下几个方面着力:

学习是首要问题。学习包括学理论,学中央文件,学知识,学短论佳作。在理论学习上,不光搞好报道要学习,搞好短论更要学习。深入学习马克思列宁主义、毛泽东思想、邓小平理论、"三个代表"重要思想、科学发展观,深入学习习近平新时代中国特色社会主义思想。民族要振兴,国家要富强,人民要幸福,都离不开这些理论,搞好新闻报道,写好新闻短论,同样离不开这些理论。有了这些理论宝藏的滋养,也才能写出有思想、有温度、有品质的新闻作品,才能写好有思想、有温度、有品质的新闻短论。

加强对中央文件的学习,这是对各级新闻媒体,以及各类报道产品共同的要求,同时也是记者写好短论的必不可少的素养积累。中央文件中经常包含着一些重要提法。评论员写好社论、评论员文章、短评等,需要对中央文件的领会感悟,新闻记者搞好相关报道,也需要领会感悟,写好相关的短论同样必不可少。笔者在路线教育中的相关报道和相关短论,就是这样抓住并写好推出的;改革发展中的许多重点报道和短论,也是这样抓住推出的。有些东西,如果没有中央文件的通读和学习,不领会其中的精髓,许多重点报道抓不好,更别说有关新闻短论了。

学习还要多看古文短论,多看新闻短论佳作,俗话说,比着葫芦画瓢,说的就是多看古人和今人写出的短论典范,是激发,更是样本,举一反三，同样是个进步。学习要有样本，有资料收集，有大量的可资翻阅的系统的材料，徐铸成在《新闻丛谈》中讲到自己的体会，为了提高新闻言论水平，他购买了些书籍，有计划地顺序学习，细读《资治通鉴》，并推及《史记》《汉书》等前四史及《晋书》，以后还逐篇读了明清之际学者王夫子（字船山）的《读通鉴论》和《宋论》，从而理解到这些书籍是新闻工作者的必修科目。笔者认为，唐宋八大家的古文短论，《新五代史》有关史论，以及《古文观止》和其他史传中的精彩短论，都应该是记者写好短论的借鉴范本。还有更多的新闻短论佳作，同样在学习之列，看人家是怎样抓住问题、怎样确定题目、怎样展开阐述的，边看边思考，日积月累，就可以提高自己写作短论的能力。写好"下乡手记"的王慧敏，曾经收集通读了《人民日报》创刊以来的所有社论、评论员文章、短评等，同时刻苦背诵古文短论名篇，在此厚实积累的学习基础上，最终打破了《人民日报》开设新闻短论个人专栏的历史纪录。

勤学习还要多深入，学习提高眼力，深入夯实脚力。有人会说，深入是对媒体评论员说的，他们要走出来、沉下去，了解实际情况，了解社会需求，了解民情，才能说出老百姓的心里话，说老百姓听得懂的话。记者就不同了，新闻在路上，记者在现场，不深入现场根本报道不好新闻，还谈什么深入呢？其实，记者要学会写点短论，在一线还讲深入并非多余的话。短论是以思想性取胜，它的思想性要跟群众的利益和要求、群众的情绪相结合的，是要群众来接受的，能不能说到群众心坎上去，便关系到短论的质量高低，这一点比起仅仅注重事实和报道，需要更深层次的挖掘、更深层次的了解，所以要求在一线的记者，在深入了解新闻事实本身的基础上，还要再多些对群众意愿的深入发掘，多些对中央精神和实际的结合上的深入探索，这样才能写出更接地气、更为群众所喜欢的新闻报道和新闻短论。

在学习和深入的基础上，记者还要多思。新闻报道要多思，写好短论更要多思，这种多思与新闻报道上的多思，比较起来还是有些许不同，报道上的多思是发现挖掘表现上的多思，而写好短论的多思，则是在道理上的多思，富有短论色彩的现象出现了，其真正的思想性在哪里，从什么角度去反映，是十分考验记者的脑力的。记者不是专门的评论人员，写点短论是自己的喜好，也是另一种思绪上的苦恼，不主动吃苦，不挑战自己，不愿付出比别人多的精力和脑力，是很难取得点滴进步的。所以，记者要学会写点短论，就要多些比别人不一样的思考，只有多思才能发现短论事实，进而多些短论需求上的挖掘，多些写好短论的思想积累。

学习、深入、多思，是评论员提高素质的根本途径，也是记者提高自身素质、写好短论的根本途径，而且要再加上一条，那就是多动手、多练笔。新闻报道和新闻短论的思维方式不同，记者在搞好报道的同时还要学会写点短论，那就要比专业评论人员多些投入、多些付出，特别重要的是多练笔。专业人员写起评论来，轻车熟路，略加思索，往往就一挥而就。记者就不同了，那需要多学习、多深入、多思考，更要多练笔，熟能生巧才是对记者最好的鼓励。练笔首先练脑，练发现力，多写多练才能改变眼高手低的毛病，形成眼到、想到、手到的良好习惯。说到底，是个勤奋问题。古人最讲究勤奋，勤奋学习，勤奋写作，方会有成。欧阳修有马上、枕上、厕上"三上"读书法，终成文学大家；记者多学、多思、多练，自然也会在新闻短论上有所成就。笔者原本笨拙，却甚好短论写作，久而久之，竟也积累多多，感受多多。还曾有过飞机上、车上、会上新时期的"三上"写作短论经历。这并不奇怪,记者常出差在外,许多时间会在飞机上、采访车上或者会议上度过,这些机会往往会孤寂难熬,也往往会精力更集中,恰恰给了写作新闻短论的好时机,静下心来,打好腹稿,有空时一挥而就,来篇短论,岂不快哉!

古今比较,看新闻短论的作用

古今比较，看新闻短论的作用

综上所述，新闻短论由新闻评论派生而来，而且与古文中的短论有着太多的相通之处，因而对其作用、特点和写作艺术，有必要作些探讨研究，促进中华优秀传统文化的创造性转变和创新性发展，让新闻短论在优秀传统文化滋养下，更为青春焕发，大放异彩。

现在看来，不光要研究报纸发光问题，而且要研究新媒体发光问题。那么如何发光，如何发出更美、更亮的光，作为媒体灵魂的评论自然要当仁不让，而与新闻评论同根而生的短论，理当更要有所作为。不过，要让短论发出更美、更亮的光，就要弄清楚短论的历史溯源，以及其独到的作用和特点，进而研究其特有的写作艺术。

新闻短论由新闻评论派生而来，那么新闻评论的地位和作用，以及自身特点和写作艺术，必然影响和决定着新闻短论的内在质地。邓拓同志1954年在《怎样改进报纸工作》一文中说："报纸的评论特别是社论决定着报纸的政治面貌。一篇社论是一期报纸的旗帜；其他形式的评论文章也都代表报纸的政治见解。"这句话就透露出了评论和短论的相应关系，即评论和短论有相通之处，又有着"决定着"与"也都代表"的细微差异。那么细微之别表现在哪里呢？

先看看"决定着报纸政治面貌"的社论，即评论"老三类"的地位和作用。邵华泽先生在其《新闻评论概要》专著中明确地指出，评论是一种见解、一种主张，特别是社论、评论员文章，代表编辑部讲话，是一张报纸政治立场、政治态度的表现。对于评论这种特殊的使命，邵华泽先生分析说，党报评论的特殊重要性，是由党报的性质和特点决定的，党报姓党，党在我们国家政治生活中的地位和作用，决定了党报特别是代表编辑部声音的评论有着特殊的地位和作用。对于党报评论的作用，《新闻评论概要》概括为五个方面：一、从党报发展历史看，党报评论特别是社论担负着直接传达党组织的声音的作用，具体体现了党的路线、方针、政策。二、新闻评论能起到指引方向的作用。毛泽东同志就说："报纸一个时期要有一定的方向，把大家的注意力集中过来。"三、社论、评论除了指明方向外，还有指导一个时期的重要工作的功能，动员群众来执行党的方针，为实现党的任务而奋斗。四、新闻评论是联系群众、鼓舞群众的一种形式，是用马克思主义真理同群众沟通，体现理论和实际的密切结合，领导和群众的密切结合。五、评论也是批评错误思想，同敌对势力进行斗争的一种武器。说到社论等评论"老三类"的地位和作用，米博华在《新闻评论实践教程》中也给予了同样解释，说社论、评论是反映政府立场的"重器"，是一种有规格的"官方立场"。

这些对报纸评论的地位和作用的权威释义，让人想到毛泽东同志在《对晋绥日报编辑人员的谈话》中的谆谆教诲："办好报纸，把报纸办得引人入胜，在报纸上正确地宣传党的方针政策，通过报纸加强党和群众的联系，这是党的工作中的一项不可小看的、有重大原则意义的问题。"其实，上述有关评论的地位和作用的论述，对于飞速发展中的新媒体同样适用，新媒体对于传达党的声音，宣传党的方针政策，通过新媒体加强党和群众的联系，同样是党的工作中的一项不可小觑的、有重大原则意义的问题。然而，说到由评论派生而来的新闻短论，

古今比较，看新闻短论的作用

无论是传统媒体还是新媒体，其地位和作用，都会有些许差别，虽然邓拓同志说到"也都代表"，但因为短论的自身特点，自然也决定着其独有的地位和作用。这一点，可以用毛泽东同志的有关大道理和小道理的著名论断相类比，读一下《毛泽东选集》（第二卷），你会看到毛泽东的这段话："事情有大道理，有小道理，一切小道理都归大道理管着。国人应从大道理上好生想一想，才好把自己的想法和做法安顿在恰当的位置。"（《反对日本进攻的方针、办法和前途》）

这"大道理"和"小道理"之说，对于新闻评论的"老三类"等与新闻短论之别来说，真是好有一比呢。社论等"老三类"讲得无疑是"大道理"，而新闻短论论说的自然属于"小道理"。小道理，是与大道理相比较而言的，一般泛指与局部的、个体的切身利益密切相关的道理。如果说大道理讲的是全局，那么小道理讲的就是局部；大道理强调长远利益和眼前利益的统一，小道理则偏重于眼前利益。其实，小道理不小，小道理服从、服务于大道理，小道理议论透了，丰富多彩了，同样能让大道理更深入人心，与大道理一起，唤起群众千百万，同心干好中国式现代化。

由此看来，社论、评论员文章、短评等"老三类"议论的大多是政策性比较强的问题，那些无疑都是大道理，是由报社编辑、专业评论员担纲完成，而专栏评论或署名短论等则议论的内容大大扩展了，除涉及政策性比较强的问题之外，古今中外、天文地理、风俗人情、文明建设、美好乡村、婚丧嫁娶等，统统都要议论，这些内容广泛的短论，又由更为广泛的来自方方面面的群众作者包括记者来写作。其议论的广泛性和作者的广泛性，亦说明其议论多是来自基层的，属于局部或眼前的"小道理"。这就如同建造屋宇楼阁，阐释政策性比较强的社论等"老三类"新闻评论，是媒体评论中结构大框架下的四梁八柱，而新闻短论则是榫卯楔条，虽是些小部件，但又绝不可少。

问题是怎样认识和发挥好偏向小道理的新闻短论的地位和作用，以及如何写作好广泛而多样的微型评论，为新闻舆论园地增光添彩。首先要厘清的是，无论是专栏评论，还是其他署名短论，大多篇幅短小，议论的主题也相对较小，因而有些人看不起短文章，尤其看不起微型短论，这是一种应该抛弃的偏见。不能因为短论多为小评论而不为，不能把微型评论视为看不上眼的"豆腐干""萝卜条"，而要明白，正因为微型短论内容的广泛性、形式的多样性、作者的群众性，同样为记者提供了更为宽广的舞台，既多了练脑、练笔的机会，又多了提高思考水平，检验和增强"四力"的实践园地。

如此看来，关键是对于新闻短论作用认识上的提高。社论、评论员文章、短评等"老三类"的作用此前已有所论述，与偏重大道理的新闻"老三类"相对应的以小道理为主的新闻短论，其作用则表现在往下走、向下沉，直指基层，落笔眼前，因而也更接地气和人情世故，总体是落点小、事实小、切口小，议论主题亦相对较小。但无论怎样往小处聚焦，都依然与社论、评论员文章、短评密切相关，是"老三类"大评论的补充，当然也是与大道理紧密结合的组成部分。与邵华泽和米博华先生对党报评论作用的分析相对应，新闻短论的作用更偏重于具体事实的明理、析因、赞颂、挞伐、倡导等。这与古代散文短论同样一脉相承，孔子在《论语·先进》中就讲到德行、言语、政事、文学，即所谓的"孔门四科"，这四科从汉代开始就一直作为考察和品评士人的重要原则，所以，就有了"仲尼之门，考以四科"（《后汉书·郑玄传》）的说法。在士人讲"四科"，目的是树立士人形象，进而以德行世，以德化人，同时以好言语，以清新自由的争鸣风气，影响社会风气。这与新闻短论"文以载道"，以小喻大，兼济天下，是同等道理。因此，结合古代优秀散文短论，围绕当今新闻短论的特殊作用，试作如下研究剖析。

新闻短论是用来说理的

理者,道之理,是非曲直,论之方明,古今比较,短论短文在明理上都有着非常成功的范例。唐代李汉在为老师韩愈所写的《昌黎先生集序》中指出:"文者贯道之器也。不深于斯道,有至焉者不也。"这是李汉在评价韩愈的功绩成就时,开宗明义地提出了"文以贯道"的命题,这里的"文"指文章作品的文辞、文采、形式,"道"指思想、道理,"贯"为贯穿、宣扬、显示。意思是说,文章是贯通道理的工具,只是一种手段,把无形的道理转换为文采,表露于外在,使玄奥的道理具体化。作为韩愈的门生,李汉深知老师对于"明道"的追求,说如果写文章不能够明白地将道理贯穿于文章之中,就是极富文采也于世无用。韩愈自己在其《争臣论》议论文中也明确提出"修其辞,以明其道",他的散文创作,特别是一些短论,实现了自己的这一理论。对此,柳宗元在《答韦中立论师道书》中也明确提出"文者以明道"之说,而且坦言:"始吾幼且少,为文章,以辞为工。及长,乃知文者以明道,是固不苟为炳炳烺烺,务采色、夸声音,而以为能也。"这里所说的文,是指古代散文,以及诗词歌赋等,古文讲究载道、明道,以议论为主的短论更应载道、明道。所谓道,就是理,明道就是明理,新闻不光以事实服人,更要以理服人,至于短论则主要在明辨是非,摆事实讲道理,说明事理。毛泽东同志在《反对党八股》中说："要好好地说理。如果说理说得好，说得恰当，那是会有效力的。"习近平总书记指出："任何新闻报道，都有导向，报什么、不报什么、怎么报都包含着立场、观点、态度。"立场、观点、态度都与鲜明的道理紧密相关，在新闻报道中要体现，在短论中更要体现。过去是这样，现在是这样，以后还应如此。政论文讲大道理，小短论讲小道理。小道理也是理，关键是怎样明理。俗话说，理越辩越明，辩证思考是最好的明理办法。辩证即辨析考证，形容看问题的眼光全面，辩又含辩论、争辩之义，相互交换，相互补充，真理就在争辩中，古往今来，莫不如是。试看徐中玉、齐森华主编的《大学语文》所选《晏子对齐侯问》就是辩证说理的典范：

齐侯至自田，晏子侍于遄台。子犹驰而造焉。公曰："唯据与我和夫！"晏子对曰："据亦同也，焉得为和？"公曰："和与同异乎？"对曰："异。和如羹焉，水火醯醢盐梅以烹鱼肉，燀之以薪。宰夫和之，齐之以味，济其不及，以泄其过。君子食之，以平其心。君臣亦然。君所谓可而有否焉，臣献其否以成其可。君所谓否而有可焉，臣献其可以去其否。是以政平而不干，民无争心。故《诗》曰：'亦有和羹，既戒既平。鬷嘏无言，时靡有争。'先王之济五味，和五声也，以平其心，成其政也。声亦如味，一气，二体，三类，四物，五声，六律，七音，八风，九歌，以相成也。清浊，小大，短长，疾徐，哀乐，刚柔，迟速，高下，出入，周疏，以相济也。君子听之，以平其心。心平，德和。故《诗》曰：'德音不瑕。'今据不然。君所谓可，据亦曰可；君所谓否，据亦曰否。若以水济水，谁能食之？若琴瑟之专一，谁能听之？同之不可也如是。"

此文主要从国家政治的角度，论证了"和"与"同"的本质区别。"和"是国家政治应有的状态和理想境界，但晏子认为，君臣之间的"和"不是不分青红皂白、混淆是非地和稀泥，不是像梁丘据那样"君所谓可，据亦曰可；君所谓否，据亦曰否"，"和"是要承认矛盾存在的客观性和不同意见，在矛盾和不同意见中求大同存小异，如此才能"政平而不干，民无争心"，达到"心平德和"的和谐局面。而"同"则相反，从梁丘据行为言语看，那种回避矛盾，唯君是举，为利益所驱使的谄媚君王，影附响随，不说真话实话，以保持表面上的一致，实质是"以水济水""琴瑟之专一"，到头来只会助长君王专制思想，如此害君害国之"同"，实在是"同之不可"！晏子直言敢谏，至诚应对，而且是针对梁丘据为博齐侯欢欣、"驰而造焉"的事实，善谏善对，以厨师和羹与乐师操琴的双重比喻，反复论证，形象生动地阐明了"和而不同"的哲理，以小事体透视大道理，所论精辟透彻，足以显示出短论令人折服的明理功力。

"和而不同"是古代思想家的政治理念，对于今天建设和谐社会依然有着重要借鉴意义。"和"而存异才能政平德和，才能真正地形成合力。习近平同志《之江新语》中的《要"和"才能"合"》，同样通过好班子的团结协作，辩证地讲到和与同的关系，不仅讲到和的重要，而且讲了和的方法，即大事讲原则，小事讲风格，遇事多通气，竭诚相见，同时通过划船的形象比喻，讲明了只有同舟共济才能实现共同目标的大道理。且看：

> 一个好的领导班子，要善于团结协作。大事讲原则，小事讲风格，遇事多通气，多交心，多谅解，真正做到讲团结、会团结。

讲团结不是不要原则，而恰恰是要坦诚相见，勇于直率地开展批评与自我批评。在一个班子里就像是在同一条船上，开展工作就好比划船。大家同舟共济，目标一致，心往一处想，力往一处使，形成了合力，这船就能往预定的目标快速前进。如果各有各的主张，各往各的方向划船，这船只能在原地打转，不能前进半步。更有甚者，如果互相拆台，还会有翻船的危险。百年修得同船渡。班子里的同志能聚到一起工作就是一种缘分，要珍惜在一起共事的时间，同心协力，干出一番事业。班子的主要负责同志，是一"船"之长，要起好把舵抓总的作用，凝聚全"船"之力，使"船"沿着正确的航道前进。班子里的其他成员要各司其职，相互配合，这样"和"然后"合"，大家团结和谐，就能形成合力。

（《浙江日报》2007年1月19日，此文引自《之江新语》）

细读此短论不难看出，文章所说的"和"，是在坦诚相见、勇于直率地开展批评与自我批评基础上的"同"，不是各有各的主张、同船不同力的形式上的"同"，唯此才能"心平德和"，才能形成"心往一处想，力往一处使"的"合"。如果不能坦诚相见、勇于直率地开展批评与自我批评，就不能很好地解决"和而不同"的问题，虽然同处一船，也会明和暗不和，各往各的方向用力，结果必将是一事无成，而且会有翻船的危险。此短论正是以形象化思辨，反复论辩，越辩越明，最终给人以富有哲理的启迪：既允许有不同意见存在，同时又要顾全大局，这样的"和"才是真正的"合"，才能团结和谐，形成合力。

俗话说，灯越拨越亮，那么道理也越辩越明。不过，理必须要真，而且是靠辩证而识之的正确之理。辩者，说明是非或争论真假是也。

辩的目的是去伪存真，去粗取精，在这个过程中论辩是必不可少的一个环节。人们为了寻求真理，要同无知辩，同偏见辩，向未知挑战，与荒谬斗争。人们在长期追求真理的过程中，正是认识到了真理越辩越明的道理，所以新闻短论就是依据事实而辩，在辩中求真理，做到辩证思考，以理服人。古代谏官言官，遇事往往进谏奏议，通过辩证之言，辨明道理，达到修正规劝目的，如《晏子对齐侯问》，通过一番辨析论证，指出了"和"与"同"的本质区别，说明了"和而不同"的治世之理；今天的短论同样需要善辩，分清真伪，言明是非，以理服务人，如《要"和"才能"合"》，亦是通过反复论证，言明了"和"和"合"的辩证关系，唯有科学的"和"，才是治国理政真正的理。

　　理说清了，人心服了，引导教化的目的就达到了。在古代，无论是韩愈、柳宗元所倡导的古文，还是以史为鉴的经典鸿篇巨著，无不在说理性上胜出一筹。在新闻报道中，需要说理时，记者也要学学古人，拿起笔来，在报道工作中，依据事实，有感而发，或文中或编前、编后，随手写点儿短论，运用理论的力量，透彻地说明问题，提振报道的说理性，起到以思想取胜、锦上添花的效果。如前面所引述的拙作《巢湖拆分　经济洼地迈上高地》，一篇有关区划调整的敏感性纪事通讯，因为恰当而有力的穿插说理，以孩子长大了不能再穿小衣服，以及小马和大车的辩证论说，言明了安徽科学的区划调整，不是为调整而调整，而是因为走了区划调整一步好棋，引领了区域经济发展上的大变革，从而使报道作品在理性思辨上更胜一筹，稿件因此而登上了党中央机关报头版头条。

　　明理靠思辨，真理靠辨别，反复论证才能"吹尽狂沙始到金"。真理也如同真金，泥沙掩盖不住金子的光辉，但如不运用多种论证手法，则很难发掘出金子般的真理。实践是检验真理的标准，要论证见真理，还须经过历史检验的事实依据和实践得出的理论依据，充分论证出令人信服的道理。理有大小之分，明理短论明的是小理，但也要讲究理的成色。徐中玉、齐森华主编的《大学语文》对说理文的解释是：理有大小，无须厚非，但无论大小都有个成色问题。深浅度、严密性、说服力等都是成色。窃以为，凡通过精巧的论证技法，能够很好呈现这三个特征的短论，都算是成色不错的佳作。

人民日报记者怎样写短论

新闻短论是用来析因的

因者，原因、缘由，前因后果，寻根问底，古今优秀短论在分析原因、警醒世人上，同样都很有探讨。古今比较，有些短论是明理的，那就在论理上着力；有些是析因的，则必须在事实原因上用功。说理讲究透彻，析因需要深刻。析因是统计学或数学上的一种试验设计，用在此处即说明分析原因，让受众从中明了是非，知道对错，进而在思想和行动上做出更好的选择。析是会意字，析的古字形像用斧子伐木，本义指劈开木头，引申指分开、离散，由分开引申表示对事物进行剖析和说明；因是事物发生前已具备的条件，即疑义之根由，必须深究方能觉察。陶渊明《移居》诗句"奇文共欣赏，疑义相与析"说的是，一见好文章大家一同欣赏，遇到疑难处一起钻研，寻根究底，以明是非。习近平总书记《在党的新闻舆论工作座谈会上的讲话》说："新闻媒体要直面我们工作中存在的问题，直面社会丑恶现象和阴暗面，激浊扬清，针砭时弊。对人民群众关心的问题、意见大反映多的问题，要积极关注报道，及时解疑释惑，引导心理预期，推动改进工作。"就是说，工作学习中不可能不遇到问题，一时弄不明白也在所难免，及时的释疑解惑格外重要。通过分析原因，明白其中来龙去脉，帮助正确选择，这一类短论也是宣传舆论工作中必不可少的。其实在古代，用于分析原因、释疑解惑的短文名篇亦有很多，他们的做法和成功经验也是很好的借鉴。

　　古今短文短论析因范围很广,有政治的、经济的、文化的、社会的、人生的,有政局高层的,也有社会底层的;有行事的,也有处世的,从上到下,方方面面,无所不包。但无论哪方面的,其目的都是针对问题,找出原因,以警世人。历史是面镜子,教训同样是宝,关键是要找到令人警醒的内存原因,引人醒悟,从而不再重蹈覆辙。《战国策·赵策一》云:"前事之不忘,后事之师。"说的就是记取从前的经验教训,作为以后工作的借鉴。经验教训诚可贵,其中因由价更高。《荀子·成相篇》曰:"前车已覆,后未知更何觉时。"意思是说,前边车子已倾覆,后车还不知其因,尚未改变方向,何时觉悟清醒啊?因此就有了"前车之鉴,后车之师"之说,又有了"前覆后戒"的成语。可见遇到问题分析寻找原因多么重要,而析因之短论正能够帮助人们弄懂问题背后的深层原因,从中学会避免更多失误和挫折。在王夫之《读通鉴论》中,就有许多析因名篇,这些析因名篇借助《资治通鉴》中的史实故事,有感而发,既借事明理,又析因为戒,当然还有赞颂的、挞伐的、倡导的。此处所引两篇名作则是侧重前覆后戒的析因佳作。且看:

胡亥杀兄而亡

　　商始兴而太甲放,周始兴而成王危,秦并天下而扶苏自杀,汉有天下而惠帝弗嗣,唐则建成死于刃,宋则德昭不令其终,汔乎建文之变而憯尤烈。天下初定,人心未靖,则天命以之不康,汤、武且不能弭,后代勿论已。然而胡亥杀兄,旋以死亡;太甲、成王,终安其位;则伊尹、周公之与赵高,相去不但若霄壤也。

秦始皇之宜短祚也不一，而莫甚于不知人。非其不察也，惟其好谀也。托国于赵高之手，虽中主不足以存，况胡亥哉！汉高之知周勃也，宋太祖之任赵普也，未能已乱而足以不亡。建文立而无托孤之旧臣，则兵连祸结而尤为人伦之大变。徐达、刘基有一存焉，奚至此哉？虽然，国祚之所以不倾者，无谀臣也。

（《读通鉴论》卷一·秦始皇·三）

李斯言古今人所不忍言

李斯之对二世曰："明主灭仁义之涂，绝谏争之辩，荦然行恣睢之心。"尽古今概贤不肖，无有忍言此者，而昌言之不忌。呜呼！亦何至此哉！斯亦尝学于荀卿氏矣，亦尝与始皇谋天下而天下并矣。岂其飞廉、恶来之所不忍言者而言之不忌，斯之心其固以为然乎？苟非二世之愚，即始皇之骄悖，能受此言而不谴乎？斯抑谓天下后世之不以己为戎首而无所恤乎？无他，畏死患失之心迫而有所不避耳。

夫死亦何不可畏也。失不可患，而亦何必于失也。前所以自进者非其道，继所以自效者非其功，后所以自保者非其术，退所以自置者无其方，则失果可患而死果可畏。欲无畏无患以不言其所不忍言，又奚得乎！天下无必死之涂，而亦无可几幸之得。正志于早而后无所迫，则不忍不敢之心以全。早不能图度于正，迨其后失有形、死有机，虽欲不为此言而不得。不待上蔡东门之叹，肺肝先已自裂。斯岂果无人之心哉？《易》曰："履霜，坚冰至。"辨人于早，不若自辨于早也。

（《读通鉴论》卷一·二世·二）

上述两篇据实而论的短文，就是今天所说新闻短论析因方面的范例，一篇是关乎朝代兴衰的辨析，一篇是有关人性品行的感叹。《胡亥杀兄而亡》论析的是秦始皇攻灭六国，缔造了中国第一个专制主义大一统王朝，却二世而亡的内在之因。在王夫之看来，根本原因是秦始皇"好谀"，即太喜欢阿谀奉承的话，从而导致判断失误，托国于权宦赵高之手，最终断送了秦的天下，其实不仅是秦始皇"好谀"，秦二世胡亥更为甚者，唯其"好谀"才导致秦朝"短祚"，短短二百多字就道尽了秦朝速亡之由。此短论第一段以足够惊人的史实作为铺垫，紧接一个转折，引出问题的根子是赵高害国。接下来第二段更尖锐地分析秦朝速亡之因，不仅在秦始皇"不知人""好谀""托国于赵高之手"，而更为不堪的是胡亥昏聩残暴，一句"中主不足以存，况胡亥哉！"说明胡亥把"好谀"进行到了极致，国祚怎能不旋以倾覆？如此析因，可谓字字带刺，一针见血，堪与苏轼赞誉韩愈"参天地之化，关盛衰之运"之语相匹配。

《李斯言古今人所不忍言》亦为析因之短论。关于李斯之功过，在《史记》《资治通鉴》以及《通鉴纪事本末》中都有翔实记载，在笔者所著《人民日报记者怎样写纪事》中也作了具体研究，他和韩非跟随荀子学帝王之术，助秦始皇攻灭六国，又以丞相之职，力推郡县制，制定法律和统一车轨、文字、度量衡制度，强化秦一统天下。但这一切都是在于他的"老鼠哲学"，即"人之贤不肖譬如鼠矣，在所自处耳"。为了改变自己的人生处境，李斯通过各种手段实现了一人之上、万人之下的梦想，畏死患失就成了他人生最大而又迈不过去的坎。此短论就极为尖锐地分析清楚了其中的缘由。开篇即点明论题之实，即李斯应对二世之问，提出"明主灭仁义之涂，绝谏争之辩，荦然行恣睢之心"，接下来针对他这种大逆不道的谏言进行深刻剖析。其背景是"诸郡县苦秦法，争杀长吏以应涉"，二世"数诮让李斯"，而"李斯恐惧，重爵禄，不知所出，乃阿二世意，以书对曰：'夫贤主者，必能行督责之术者也'"。这才有了本短论开头所引之语。王夫之认为，这种灭仁义、绝谏争、为所欲为的"导谀劝淫"建议，从古到今，无论圣贤还是不肖之徒，没有谁能忍心说出这样的话，而李斯却直言不讳，无所忌惮，其根本原因就是"畏死患失之心迫而有所不避耳"。短论第二段对李斯"言古今人所不忍言"的根由再行深析，即人生价值观出了问题，进身之道不正，借以保身的措施亦不正确，因而既怕失去又特畏死，所以最终上了赵高贼船，又被贼人害死，不用等到发出上蔡东门之感叹，内心早已崩溃。难道他真的没有良知吗？其实，人生应该"正志于早"，与其早早地辨清他人，不如早早地辨清自己。如果早虑正道，也不至于如此不堪啊！重爵禄，才畏死怕失，李斯悲剧下场的根本原因就在于此，人生不能早早地"图度于正"，就会落到被逼迫的境地，短论所说恰似要求扣好人生第一粒纽扣，这在今天依然有着深远的教育意义。

在社会经济突飞猛进的发展进程中，各种问题层出不穷，析因短论更应该迎头而上，发挥释疑解惑，引导舆论预期的作用。比如物质生活越来越好，城市和农村的文化生活为什么却相对滞后，农村里仍摆不脱"日出而作，日落而息"的老调调，城市则一方面是百姓需要好书、好戏，一方面是文化"身价"太高，让人望而生畏。为什么会出现如此怪异的现象，如何去解决群众急需，《人民日报》为此曾发表过两篇析因短论，一篇是王慧敏"下乡手记"《乡土文化哪儿去了？》，一篇是笔者拙作《文化，请降低"身价"提升品位》，刊登在"人

古今比较,看新闻短论的作用

民论坛"栏目。两篇短论结合事实,都在分析原因上下足了功夫,条分缕析,深究其因,引人深思。先看《乡土文化哪儿去了?》:

在农村采访,常有这样的感慨:不少地方,尽管农民的物质生活比原先好多了,可文化生活呢?仍摆不脱"日出而作,日入而息"这样的老调调。

我在县里挂职时,闲暇,常和县政府一位姓杨的主任聊天。杨主任告诉我,年轻的时候他在村里当团支书,那时要组织点儿活动,真是难哪!村里没钱买篮球,他到距村几十公里外的驻军营地捡了个人家不要的破球,补巴补巴,愣是用了两年。买不起乒乓球台,用土坯垒个台子,上面薄薄抹一层水泥,一个简易乒乓球台便告落成。就这样一个土台子,工余饭后常被乡亲们围得水泄不通。

杨主任感慨,那时候穷归穷,一到冬日农闲季节,村里的党团组织倒是常常组织各种各样的乡土文化活动:跑旱船,踩高跷,耍狮子,赛篮球……大家忙得不亦乐乎。各村都有戏班子,一进腊月,你村的戏班子到我村唱,我村的到你村唱。亲戚之间,你村唱时请我,我村唱时请你。唱出了心劲儿,唱出了和睦的邻里关系。

他说,现在尽管许多农家可看着电视上的画面了,总觉得离咱远了点儿,不如咱的乡土文化贴心。

的确,千百年来形成的乡土文化,有它不可替代性。我们知道,发生在身边的事儿更容易引起共鸣。自然,由自己身边的人来表演,会更受农民欢迎。虽然村里的王秀英唱《穆桂英挂帅》字不正腔不圆，有几处还跑了调，但在乡亲们眼里她比常香玉唱得还动听；邻村王富贵打篮球的动作尽管有些笨拙，但在姑娘们心中他比王治郅更潇洒。谁家的闺女、小子露了脸，父母亲朋、街坊邻居也都觉得光彩："你瞧，你瞧，那就是俺隔壁的二狗蛋！"

……

近些年，随着机械化水平提高，农民有了更多闲暇。可令人遗憾的是，在不少地方，乡土文化没人张罗了。有些干部，除了催粮收款时和群众打个照面，平时村里的事儿很少问津。

健康的乡土文化不去占领农村娱乐阵地，就给"黄毒赌"、封建迷信等邪恶东西肆虐开了方便之门。记得我挂职那年腊月的一天，一位农民找我反映情况，说他们镇上有9个所谓的歌舞团在演出，为了招徕观众，各团竞相比脱，最后直脱得一丝不挂……

这些年，我们不是一直在提倡文化下乡吗？文化下乡决不仅仅是春节前后组织剧团下去搞一场演出，或是偶尔组织农民赶两次"科技大集"送几本图书，更应该抓一抓乡土文化建设，譬如帮助农民开辟活动场所、建立演出队伍、营造文化市场。只有把农民组织起来，靠农民自身的力量开展多种形式的乡土文化活动，才能丰富农民的业余生活，也才能从根本上摒弃不良文化的侵袭。

随着经济发展，今天的中国，无论东部西部，不管南方北方，连篮球都买不起的村落恐怕不复存在了。有了物质做后盾，村干部们为什么还不大显身手呢？

（《人民日报》2000年7月31日　作者：王慧敏，此文引自《下乡手记》）

再看笔者拙作《文化，请降低"身价"提升品位》：

两会上，如何使文化更广泛地走向大众、更好地涵养提升民众素质，进而推动文化大发展大繁荣，成为代表委员们关注的一个热点话题。

全国人大代表、著名作家凌解放（二月河）说，现在的图书价格太贵，不利于文化的传播和发展。全国政协委员姜昆认为，现在一些公益性质的演出，一开始都是本着为基层百姓服务，为人民群众送欢乐的，可是演着演着就发生了改变，商业味越来越浓，成本加大，个人谋利，百姓却看不到好戏。

一方面是百姓需要好书、好戏，一方面是文化"身价"太高，内容远离百姓，让人望而生畏。如何解决这个矛盾？

不禁想起赵树理许多耐人寻味的故事。他首先是位"不上文坛而下书摊"的人民作家。为了写出群众喜闻乐见的作品，他长期沉到群众之中，和群众同吃同住同苦同乐。他的作品也成了百姓最喜欢看的文化产品，书中许多故事和人物也在群众中广为流传。而为了让老百姓看得起书，赵树理还主动把书价降下来，甚至只想"写些小本子夹在小唱本里去庙会，三两个铜板可以买一本，这样一步一步夺取那些封建小唱本的阵地"。

赵树理把为百姓写好书，让百姓看得起书，与文化事业的健康发展统一起来了。这不仅体现了他作为一个人民作家的良知和社会责任感，也启示我们的文艺工作者，不光要有平民意识，还要有崇高的道德风尚。

遗憾的是，有些文艺工作者把谋利放在了第一位，责任是说起来重要做起来次要。一些内容低俗、趣味低下的书充斥文化市场，书价昂贵，于人也无所增益。还有一些原本属公益性的演出，缺乏让人赏心悦目、陶冶情操的东西，多的是一些快餐式的、浮躁的、闹哄哄的东西。

应当说，今天书价的昂贵更多的是一种市场行为，作家的努力恐怕有限，但作家至少应当把书写得让百姓喜闻乐见，多创作些贴近实际生活、合乎群众需求，内容健康、积极、向上的优秀作品。而公益性的演出更应当体现公益性质，不但不能抬高戏台，更不能降低品位。

从根本上看，要降低文化的身价，提升文化的品位，政府强有力的引导不能缺位。全国人大代表李修松表示，我国文化投入不足，文化建设长期滞后，文化发展欠账越来越多，所积累的问题不容忽视。如果政府投入不足，引导乏力，百姓日益增长的文化消费需求就得不到满足，文化的软实力就难以真正发挥作用。

发展文化，政府无疑需要注重基础投入、重视制度建设。我们的政府也正从保障人民基本文化权益的角度，努力构建最广大普通百姓日常生活所需的"最低文化生活保障线"，编织一个完善的公共文化服务体系。这样的过程，需要我们进一步加大政府投入力度，强化各种激励机制，鼓励作家戏曲家写出无愧于时代的好书好戏，同时加大政府管理干预力度，让老百姓看得起好书，听得起好戏，实实在在地推动文化大发展大繁荣。

（《人民日报》2008年3月18日）

细读之后，读者自会发现，两篇短论不约而同地关注到了几乎相同的话题,即城乡文化生活如何繁荣,而且都是在经济繁荣发展时期,无论是农村还是城市,与人民群众息息相关的文化园地却出现了不应该出现的"荒芜":王慧敏《乡土文化哪儿去了?》感叹,"在农村采访,常有这样的感慨:不少地方,尽管农民的物质生活比原先好多了,可文化生活呢?仍摆不脱'日出而作,日入而息'这样的老调调""现在尽管许多农家可看着电视上的画面了,总觉得离咱远了点儿";笔者《文化,请降低"身价"提升品位》也不无忧虑地提出,"一方面是百姓需要好书、好戏,一方面是文化'身价'太高,内容远离百姓,让人望而生畏。如何解决这个矛盾?"其实,提出问题最根本的是要分析清楚其中的原因,弄清楚了缘由,才好对症下药,推进城乡文化繁荣。两篇短论都把重点放在了析因上,在农村,不少地方,乡土文化没人张罗了;在城市,从根子上看,要降低文化身价,提升文化品位,政府强有力的引导不能缺位。原因弄明白了,办法也就自然有了,那就是毛泽东同志所说:"政治路线确定之后,干部就是决定的因素",乡村干部要"把农民组织起来,靠农民自身的力量开展多种形式的乡土文化活动";无论城乡,"发展文化,政府无疑需要注重基础投入、重视制度建设",努力构建"最低文化生活保障线"。

可见析因短论如同中医把脉,弄清病因才好开出有效药方。析因短论涉及范围很广,最重要的是析因有道,只有找准因由,才能有效施治。如何析因有道,一是真切把脉,真切就是要贴近群众、贴近生活,这样才能得到真实情感,把准脉向,找到病因;二是用心感悟,用心就是将心比心,想群众所想,急群众所急,和群众同频共振才能悟出其中根由。有作家说,好作品在于"写感受最深的",析因短论要出新出彩,同样要写最能触动心灵的东西。正因为忧虑着城乡文化的短缺，才有了两篇短论的大声疾呼；正因为有着对乡土文化的挚爱，也才有了笔者在《人民日报记者怎样写特写》中所引述的拙作《镇长买戏》，以及针对城市文化繁荣所采写的特写《乐在广场》。记者要写点短论，不仅要多些练笔的机会，更在于析因短论能够提升发现新闻的眼力，助推新闻写作的笔力，析因短论让新闻报道有了更深层次的思考。因此，笔者在析因短论上多有探索，如《"抠门"何以兴企？》(《人民日报》1997年11月15日)、《"热锭冷砸"的思考》(《人民日报》1998年4月7日)、《"大老板"为何不配"大哥大"》(《人民日报》1996年1月12日)等，同时在国企改革上都有相应深度报道，可见短论写作对于增强分析问题能力，提升报道品质大为有益。

古今比较，看新闻短论的作用

新闻短论是用来赞颂的

赞颂者，赞美称颂，希求发扬光大，古今优秀短文短论在赞颂上都有佳作传世。古今短论比较，不仅明理、析因，更在赞颂上多有钻研。赞为夸奖、称许、颂扬，古代引申为一种文体，后来也用于评论；颂的基本意义为赞扬，颂和扬都有广泛传播之意。古《诗经》有风、雅、颂、赋、比、兴"六义"之说，赋、比、兴为《诗》之所用，风、雅、颂为《诗》之成形，用彼三事，成此三事，是故同称为"义"。《诗经》因六义而赋能至今传播不息。古今赞颂短论短文涉及范围极广，世间美德，卓越功绩，言行楷模，执政遵循，凡有可赞之处，可颂之点，都应弘扬传播，以教化民情，引导政见，纯洁风气。赞颂得法，颂赞得体，久久为功，必自蔚然成风。如今，也因为"赞"能传播正能量，贴切网民浏览习惯，颇得人们青睐，"点赞"随之成为网上热词，2008年收录为《最新网络交际用语》。可见研究赞颂短论，在现实生活中是多么重要。

不过，赞颂绝不是一味说好话。赞颂如前面所研究的明理、析因短论一样，都要面对问题而为。问题者，要求回答或解释的题目，或曰需要研究讨论并加以解决的矛盾、疑难之处。毛泽东同志《反对党八股》说："什么叫问题？问题就是事物的矛盾。哪里有没有解决的矛盾，哪里就有问题。既有问题，你总得赞成一方面，反对另一方面，你就得把问题提出来。"面对问题，赞成或者反对，就是短论所要担负的重任。通过短论传达自己的主张，尝试和解决人生新问题，使社会变得越来越美好。陶行知也说："创造始于问题，有了问题才会思考，有了思考，才有解决问题的方法。"所以，无论明理，还是析因，以及赞颂短论等，都要冲着问题而来。面对文化传承，礼贤下士，执政为民，教育兴邦，文明建设，等等，从古至今都会有层出不穷的问题，当然也会有层出不穷的探索者，更会有层出不穷的好做法、好成果、好典型，需要去赞颂、去传播。正如语言学家陈原先生所说："凡是社会生活中出现了新东西，无论是新制度，新体制，新措施，新思潮，新物质，新观念，新动作，总之这些东西都要在语言中表现出来。"有心赞颂为文者，无论短论短篇，都会在某个问题的成功解决上赞颂有力，不仅有所创造，而且以求经世致用。此处不妨看看《读通鉴论》和《晏子春秋》，其中《孔鲋以无用储天下之用》，以及《景公问桓公何以致霸晏子对以下贤以身》，就是古代赞颂短论中的名文。先看王夫之所论《孔鲋以无用储天下之用》：

　　孔鲋藏书，陈馀危之。鲋曰："吾为无用之学，知吾者为友。秦非吾友，吾何危哉？"呜呼！能为无用之学，以广其心而游于乱世，非圣人之徒而能若是乎？

　　诗曰："握粟出卜，自何能谷。"谷者，在我而已，何用卜为？屈其道而与天下靡，利在而害亦伏；以其道而与天下亢，身危而道亦不竞。君子之道，储天下之用，而不求用于天下。知者知之，不知者以为无用而已矣。故曰"其愚不可及也"。秉道以自安，慎交以远物，存黄、农、虞、夏于盗贼禽兽之中，奚不可谷，而

古今比较，看新闻短论的作用

安用卜为！庄周惩乱世而欲为散木，言无用矣，而无以储天下之大用。握粟忧深而逃羿彀，其有细人之情乎！知进退存亡而不失其正，易简以消天下之险阻，非圣人之徒，其孰与归？

（《读通鉴论》卷一·秦始皇·二）

孔鲋，秦末儒生，孔子八世孙，博通经史，善论古今。居于魏国，与魏国名士张耳、陈馀友好。秦始皇统一中国，孔鲋不仕。陈胜起义反秦，在陈郡称王，孔鲋被荐为博士。始皇三十四年（公元前213），丞相李斯始议焚书之事，孔鲋将家中所藏《论语》《尚书》《孝经》等书，藏于孔府旧宅墙壁中，至死没有取出。当时，陈馀规劝孔鲋，说这样做是很危险的。王夫之就是依据《资治通鉴》所载史实，有感而发，一事一议，对孔鲋所为，大加赞颂。第一段先以事实引出论点：能为无用之学，以广其心而游于乱世，如果不是圣人门徒，谁能做得到这样呢？第二段围绕君子之道而深层议论，盛赞孔鲋甘冒被"弃市"之罪藏书，是"储天下之用"的君子之道。而且从反面驳斥那些眼光短浅之人，"不知者以为无用而已"，不理解的人只不过是把他当作无用之人罢了。还说如果像庄周那样因苦于乱世而只想做不成才的"散木"一样的无用之人，就不可能为天下有大用之人做准备了。一句话，只有如孔鲋之圣人门徒，才能以研究看似"无用的学问"而冒死藏书，实际是在为"储天下之用"，而不求自己被用于天下。事实也正是如此，因为孔鲋之为，才有了天下圣学不绝。据载，《论语》《尚书》《孝经》《逸礼》等书，在秦末皆失传。汉景帝时，破孔宅旧壁，遂得见所藏之书，皆古文，被称为"壁经"或"古文经"，后世赞为"孔壁藏书"或"鲁壁藏书"。明人有诗云："秦人遗下六经火""至今大地书文同"。笔者曾写短论《领导干部要多读书读好书》(2006年12月7日《人民日报》)等，刊登在"人民论坛"栏目。试想，如无孔鲋之举，那读"好书"之书，岂不就要大半落空？王夫子"以无用储天下之用"之赞颂，实在是有远见之识啊！

再看《景公问桓公何以致霸晏子对以下贤以身》：

景公问于晏子曰："昔吾先君桓公，善饮酒，穷乐，食味方丈，好色无别。辟若此，何以能率诸侯以朝天子乎？"

晏子对曰："昔吾先君桓公，变俗以政，下贤以身。管仲，君之贼者也。知其能足以安国济功，故迎之于鲁郊，自御，礼之于庙。异日，君过于康庄，闻宁戚歌，止车而听之，则贤人之风也，举以为大田。先君见贤不留，使能不怠。是以内政则民怀之，征伐则诸侯畏之。今君闻先君之过，而不能明其大节。桓公之霸也，君奚疑焉？"

（《晏子春秋》·内篇问下）

前有所述，《晏子春秋》是记录齐国名相晏婴言行的著作，全书分内篇、外篇，有谏，有问，有杂说，多为据事而谏，遇事而问，直言以对，有事实，有观点，堪与各类新闻报道相比拟。所以，在笔者所著"国学与新闻写作"系列，其人物、纪事、特写卷，皆借鉴优秀传统文化如《晏子春秋》，对当今新闻作品的创新传承作了系列研究。其实，在短论方面，《晏子春秋》中亦有许多篇章堪称可资借鉴之作，比如所引此段晏子对景公之问，就是依据景公所说事实，晏子深为感慨，辩证而答，就极有针对性和感染力。晏子认为，尽管齐桓公有嗜酒作乐、爱好女色等过失，但其"大节"能以政令改变旧俗，礼贤下士，任贤使能，而且列举出颇有说服力的典型事例。一是重用"安国济功"之才却为辅佐公子纠而箭中齐桓衣带钩的管仲为国相，二是任用为人挽车至齐而有贤人之风的宁戚掌管农业。为此晏子归结而论说："先君见贤不留（遗漏），使能不怠（怠慢）。是以内政则民怀之，征伐则诸侯畏之。"对桓公称霸诸侯，还有什么可怀疑的呢？在此短论中，晏子并不讳言景公所说先君齐桓公的过失，而据实力辩，盛赞桓公之"大节"，论证有方，赞颂有力，结论自然令人坚信不疑。如此赞颂，岂不美哉！

赞颂就是弘扬正能量，从古至今，社会发展，时代进步，需要好典范、好思想引领，对于应时而出的潮头者，就是要积极赞颂，鼓而呼之，激而发之，从而形成新气象。"孔壁藏书"需要赞颂，任贤使能需要赞颂，下面所说的"信用建设"和"寒窗基金"，同样需要以精美短论予以赞颂。先看《努力打造"信用浙江"》短论，以《论语·为政》"人而无信，不知其可"之语引入，说明重视信用建设的重要性，进而引出打造"信用浙江"话题，接着提出信用建设范围，以及措施保障，特别强调政府信用的表率引领作用，真正把信用建设提升到了崭新高度：

> "人而无信，不知其可"；企业无信，则难求发展；社会无信，则人人自危；政府无信，则权威不立。朱镕基同志在视察会计学院时提出"不做假账"，这不仅是对会计人员的要求，也是对政府和政府官员的要求。我们一定要高度重视信用建设，努力打造"信用浙江"。打造"信用浙江"，就要进一步强化政府信用，提升企业信用，建立社会信用；就要进一步健全信用制度，强化信用监管，倡导信用文化，营造信用环境；就要以企业为主体，建

立包括信用信息、信用评价、信用激励和失范惩罚机制在内的社会信用体系；就要充分发挥政府在信用建设中的表率作用，树立诚信的形象，建设"信用政府"。

（《浙江日报》2003年9月15日，此文引自《之江新语》）

再看《"寒窗基金"好》，这是笔者所写的一篇"采访随想"。那年随《人民日报》"东北振兴"采访组到了辽宁，省长有关人才的一席话令人深有同感，东北振兴靠人才，人才培育靠教育，设立"寒窗基金"无疑是有识之举。这一金点子，就是在全国也极有针对性。笔者由此想到，一些地方对人才重视还仅仅停留在口头上，兴教重才需要实实在在做点事，辽宁设立"寒窗基金"，对家境贫寒的莘莘学子重点资助，极有远见，值得点赞。所以笔者饱含真情，随手成文，赞之颂之：

辽宁省最近设立了一项"寒窗基金"，对家境贫寒的莘莘学子重点资助，给他们提供大学、硕士生、博士生期间的学习费用。辽宁省省长闻世震认为，辽宁要重振雄风，没有一支优秀的人才队伍不行。这一招，对那些贫寒之士来说，真可谓雪中送炭。

现在，一些地方的领导对人才的重视还仅仅停留在口头上，缺乏实实在在的行动。要么怨天尤人，抱怨人才难招；要么虚晃几招，弄几个人来摆摆门面，过后就扔到了脑后。之所以如此，主要原因是，作为一方领导缺乏对人才队伍作用的痛切认识和未来眼光。这种短视行为给事业的发展带来的危害太大了。

爱才兴教需要实实在在地做点事，只爱凤凰不栽树，只唤人才不出招，当然达不到应有的成效。有投入才能有产出，培养人才队伍也是如此。不花费财力精力就想建立自己的人才队伍，那等于企盼天上掉馅儿饼。

我们的国家还不富裕，培养人才需要多方面的共同努力。为爱才求才而把精力用在人才尚未成熟之时，给他们的"寒窗之苦"以绵绵温情，是极有远见之举。

（《人民日报》1996年10月19日）

前面讲到，在短论方面，明理要真，析因要深，那么赞颂则要求准。新的东西要赞颂，但往往会失之过誉。所以，在赞颂上有几点需要提醒：一是调门不宜过高，不能因为是唱赞歌就无限拔高，准确地定调，准确的腔调，才会有正确的格调。孔鲋一句"吾为无用之学"低调之语，才更彰显出"储天下之用"的高格调。二是以事实证实可赞颂之处，明理、析因都要事实求证，而赞颂亦需要事实说话。晏子以管仲、宁戚被桓公重用，就是对桓公任贤使能的最好印证。三是赞颂也需要从反面衬托，再光鲜的东西都会有不够完美之处，赞颂短论中来点相对不足之处的点评，会收到更为令人信服的效果。为"寒窗基金"叫好的短论中，几句对人才队伍短视行为的揭示，对赞颂短论不失为更好的映衬。本着这几点，笔者写过许多赞颂类短论，有"人民论坛"《撤掉"抵门杠"》(《人民日报》2000年12月4日)，有"今日谈"《"节约型"会议令人喜》(《人民日报》2007年2月2日)、《村委会围墙拆得好》(《人民日报》2010年1月24日)、《不拿自己当外人》(《人民日报》2007年8月20日)，也有"采访随想"《要提倡为官"三问"》(《人民日报》1997年5月17日)等，因为赞颂不过头，多被评说有看头。

人民日报记者怎样写短论

新闻短论的作用还在于挞伐

挞伐出自《诗经·商颂·殷武》，此诗颂扬殷高宗继承成汤的事业所建树的中兴业绩，开篇第一句即"挞彼殷武，奋伐荆楚"，意思是说殷王武丁神勇英武，是他兴师讨伐荆楚。挞为鞭挞，伐为讨伐，用在新闻评论上，更显其有所不同。鞭挞多为批评一些不良现象、思想言行，属于人民内部矛盾。《说文》曰："挞，乡饮酒，罚不敬，挞其背也。"挞是警示、教育之意；讨伐则多用于敌我矛盾，针对敌人所展开的针锋相对的回击，绝无回旋退让余地。其作用不同，言语用辞自然有别，一是循循善诱，一是口诛笔伐，同为反对态度，属于批评型的鞭挞则多用于新闻短论上，而征讨诛责型的讨伐则多用于社论等"老三类"的新闻评论上。

这一点在毛泽东同志的言论中，其表现形态、锋芒程度更为明显。邵华泽先生等新闻评论学大家，在新闻评论专著中，对毛泽东同志的社论文体都有详尽评述，认为对敌进行论战的批驳式评论，是一种重要武器，在《毛泽东选集》中，这类评论很多，无不气势磅礴，极有力量。如1943年7月12日题为《质问国民党》的社论，全文十九个问号，有一处是接连九个问号，用铁的事实和严密的逻辑，驳斥国民党反动当局。这种显示人民的力量，显示正义必定战胜邪恶、真理必定战胜谬论的回击性或攻伐性评论，无疑是对敌而论的强有力论战。

古今比较，看新闻短论的作用

不过，毛泽东同志也有一事一议的鞭笞性评论，是批评的，是警示的，也是商讨的，属于新闻短论中的鞭挞类评论。范荣康《新闻评论学》中讲述到这一点，即1919年11月，毛泽东同志受聘为湖南《大公报》馆外撰述员期间，长沙一个姓赵的少女，反对包办婚姻，在花轿中自刎身亡。11月15日，《大公报》披露了这一新闻。16日，毛泽东同志就在《大公报》发表评论《对于赵女士自杀的评论》。他在文中写道："社会上发生一件事，不要把它看小了，一件事的背后，都有重叠相生的原因"。"这件事的背后，是婚姻制度的腐败，社会制度的黑暗，意志的不能独立，恋爱不能自由。"他提出："吾们讨论各种学理，应该傍着活事件来讨论"。最后呼吁"希望有讨论热心的人，对于这一个殉自由、殉恋爱的女青年，从各种论点出发，替她呼一声'冤枉'"。从毛泽东同志的短论中，可以得出两个新闻短论的要点，一是"傍着活事件来讨论"，二是在热心讨论中得出结论。以事实说话，说鞭笞警示性的话，达到共同商讨明晰的目的，这就体现出了短论对于错误言行的挞伐作用。其实，古今比较，在诸多短论短篇中，用于挞伐的名文很多，也各自显示出鞭挞征伐力度上的不同。

不过，虽然鞭笞性的短论不像对待敌人那样毫不留情，但指斥错误的新闻短论也要做到，一要狠，二要准，就是说要一针见血，不能隔靴搔痒，如同医生看病，病要看得准，药也要下得狠，不然就起不到对症下药的效果。古今比较，凡能说到骨子里的犀利之文，都能给人留下长久的记忆。比如王夫之《读通鉴论》中的《李斯以督责之术导谀劝淫》，以及《晏子春秋》中的《庄公矜勇力不顾行义晏子谏》。当然在两部传世著作中，还有诸多鞭笞性名文，不过此处仅借此而论罢了。

《李斯以督责之术导谀劝淫》与前所述《李斯言古今人所不忍言》也好有一比。在王夫之看来，李斯言古今人所不忍言是有原因的，所以短论的重点要放在析因上，通过论证揭示出李斯之言的背后是"畏死患失"的心理在作怪；而李斯以督责术导谀劝淫就不仅仅是说说而已了，其言语行动已经带来极大危害，必须又准又狠地痛加鞭笞，做到入木三分，不留情面。如果上篇讲到李斯所不忍言只是提出灭仁义、绝谏争、行恣睢的建议的话，那么在这篇中则直接拿出了具体可行的歹毒之策，是将导谀劝淫落实到了行动上。即"行督责之术，然后绝谏争之路"，进而可"耽酒嗜色、佚游骄乐，可晏享而不辍"。对此，王夫之认为这是犯了众怒，听任了众恨。而且说，就是有此心的诸葛亮也说不出来，用其名的王安石也是讳言之名，直言不讳、毫不掩饰地劝谀"督责之术"李斯应是天下第一个。短论第二段再进一步揭批李斯的劝谀危害，说即使不是励精图治的君主，也不能耀武扬威地高坐在万民之上，而李斯竟然导谀劝淫，提出循名责实的"督责之术"，其目的就在于让明主独断于上，令"群臣、百姓救过不给"。王夫之对此毫不留情地指出，奉行法家学说的革新图治之人，倚仗权势如令狐绹、张居正之人，虽然内心也追求安逸，假如让他们读了李斯的言论，知道这是引导阿谀奉承、鼓励骄奢淫逸的方法，能不感到羞愧难当而汗如雨下吗？如此犀利之语，大有挞伐之势，已就不是析因短论那样条分缕析般的温柔了。如大声读之，真如钢鞭呼啸，痛彻入骨。且看：

人皆有不忍人之心，而众怒之不可犯，众怨之不可任，亦易喻矣。申、商之言，何为至今而不绝邪？志正义明如诸葛孔明而效其法，学博志广如王介甫而师其意，无他，申、商者，乍劳长逸之术也。无其心而用其术者，孔明也；用其实而讳其名者，介甫也；乃若其不容掩之藏，则李斯发之矣。李斯曰："行督责之术，然后绝谏争之路。"申不害曰："有天下而不恣睢，命之曰以天下为桎梏。"谏争绝，桎梏脱，则虽日劳于刑名文籍之中，而耽酒嗜色、佚游骄乐，可晏享而不辍。苟未忘逸豫之情者，恶能不以此为两得之术哉！

任法，则人主安而天下困；任道，则天下逸而人主劳。无一切之术以自恣睢，虽非求治之主，不能高居洸潒于万民之上，固矣。以孔明之淡泊而尽瘁也，以介甫之土木其形而好学深思也，然且乐奉名法者，何也？俭以耳目，勤以耳目，而心思从其康逸也。贤者且然，况令狐绹、张居正之挟权势者哉！使读李斯之言，知其为导谀劝淫之术也，能勿赧然而汗下与？

(《读通鉴论》卷一·二世·三)

短论挞伐的作用就在于，对恶行如李斯者必须毫不留情地怒批，而对错误的东西也要敢于直言，譬如下面所引述的《庄公矜勇力不顾行义晏子谏》，就是直言敢谏的范例。怒批要批到骨子里，直言也要说到点子上，哪怕君主的言行出现过错，也要直言不讳。在《晏子春秋》中有许多这样敢于直言的谏对，都体现了晏子敢谏善谏的铮铮风骨。《晏子春秋》共八卷二百十五章，其中有六章涉及齐庄公，而此章则针对庄公矜夸勇力、不顾行义的行为提出批评。不光直接言错，而且指出错在何处，可谓有理有力又有方。短论开篇即引述事实，因为庄公奋乎勇力，不顾行义，故晏子见公，从而引起后面的论证：

庄公奋乎勇力，不顾于行义。勇力之士，无忌于国，贵戚不荐善，逼迩不引过，故晏子见公。

公曰："古者亦有徒以勇力立于世者乎？"

晏子对曰："婴闻之，轻死以行礼谓之勇，诛暴不避强谓之力。故勇力之立也，以行其礼义也。汤、武用兵而不为逆，并国而不为贪，仁义之理也；诛暴不避强，替罪不避众，勇力之行也。古之为勇力者，行礼义也。今上无仁义之理，下无替罪诛暴之行，而徒以勇力立于世，则诸侯行之以国危，匹夫行之以家残。昔夏之衰也，有推侈、大戏；殷之衰也，有费仲、恶来。足走千里，手裂兕虎，任之以力，凌轹天下，威戮无罪，崇尚勇力，不顾义理，是以桀、纣以灭，殷、夏以衰。今公自奋乎勇力，不顾乎行义，勇力之士，无忌于国，身立威强，行本淫暴，贵戚不荐善，逼迩不引过，反圣王之德，而循灭君之行。用此存者，婴未闻有也。"

（《晏子春秋》·内篇谏上）

论证对错需要明确的标准，在此短论谏言中，晏子以礼义为论证支点，体现了以礼义治国的主张，所以他理直气壮地指出："婴闻之，轻死以行礼谓之勇，诛暴不避强谓之力。故勇力之立也，以行其礼义也。"接下来，他以事实为依据，先是正面论述商汤、周武王出于礼义起兵不能算作叛逆，兼并诸侯不能算作贪婪，因为这是符合仁义准则树立勇力的行为。如今没有仁义准则，却只凭借勇力行事，对国家对社会都是非常危险的。为了说明这一点，晏子又从反面作了有力论说，一是夏朝衰微的时候，有推侈、大戏那样的勇力之人；二是殷商衰微时，有费仲、恶来那样的勇力之人，他们凭着勇力被任用，不顾行义，欺凌天下诸侯，杀戮无辜之人，桀、纣因此被灭掉，夏、商因此而衰亡。晏子据此直言道："今公自奋乎勇力，不顾乎行义，勇力之士，无忌于国，身立威强，行本淫暴"，到头来只会是"反圣王之德，而循灭君之行"。作为国君，如果一味崇尚勇力，不顾及道义，必将会落个国危身亡的下场。

在今天，鞭挞型的短论依然十分必要，错误的东西要鞭挞，不良的社会现象要鞭挞，与文明建设相悖的言行要鞭挞，没有鞭挞就没有是非对错的认知，就不能够树立起好的样子，不能够形成好的风气，社会进步又何从谈起呢？习近平总书记指出："新闻媒体要直面我们工作中存在的问题，直面社会丑恶现象和阴暗面，激浊扬清，针砭时弊。"在过去几十年里，笔者在搞好重大报道同时，十分注意新闻短论写作，既有正面明理、赞颂方面的短论，又有析因短论的实践，更有直面工作存在的问题、社会丑恶现象和阴暗面的短论，比如针对官场不良风气的《"赶场子"与"挣面子"》(《人民日报》2006年12月29日)，针对不良政绩观的《坏就坏在"勇争第一"上》(《人民日报》2010年4月2日)，针对不顾民情民意的丑恶行径的《毁损麦田为哪般》(《人民日报》2010年6月7日)，还有呼吁社会公平合理方面的《公园必须姓"公"》(《人民日报》2013年4月13日)，针砭旅游景区乱象的《景区"视觉污染"当治》(《人民日报》2013年12月21日)，等等。既有"人民论坛"，也有"人民时评"，还有"经济茶座""今日谈"，都是据实而论、一事一议的新闻署名言论。这些新闻短论都是平时采访中的亲见亲闻亲历，也都是有感而发、不吐不快的短平快言论。是良知，更是责任，不论不足以平复心情，不写出来就会辗转反侧，无法放下。正如毛泽东同志《对晋绥日报编辑人员的谈话》所说："我们必须坚持真理，而真理必须旗帜鲜明。我们共产党人从来认为隐瞒自己的观点是可耻的。""我们要教育人民认识真理，要动员人民起来为解放自己而斗争，就需要这种战斗的风格。"在这方面，我们不光要学习古人如晏子、王夫之鲜明的正义感，更要学习他们善辩而有力的论证方法，既亮明观点，又论说有力，真正达到针砭时弊，激浊扬清的目的。别的不说，仅以拙作"今日谈"《一周六天会，咋工作》为例，就异常鲜明地表达了自己的观点，赞成什么，反对什么，一目了然，绝不含糊。同时，又做到据实而论，以理服众。且看：

> 近日到山西省吕梁地区采访，发现一些乡镇干部一周参加了六天会。召集会议的精疲力尽，参加会议的叫苦不迭。
>
> 一周六天会，就是工作？煞费苦心备讲稿，正襟危坐听讲话，认认真真记笔记，层层传达再开会。多少灯油熬干，多少心血费尽，多少白发上头，能说这不是工作？能说这工作不辛苦？
>
> 工作当然需要开会，但工作不等于开会；开会是工作的一部分，但不是工作的全部；开会的目的是推动工作，但开会决不能代替工作。特别是基层工作，需要干部深入千家万户，深入田间地头，一点一滴做工作，一件一件抓落实。大家都开会，每天都开会，谁去抓落实？何时抓落实？长此以往，除了留下一本本会议记录，助长了形式主义、官僚主义之外，还能得到什么？
>
> （《人民日报》2001年5月8日）

现如今读了这段文字，仍觉得挺解气。记得那是笔者到人民日报驻山西记者站工作的第一个年头，下到乡里采访，结果一等二等不见镇领导，直到快下班时间，才见镇长从县里赶回来，一见面就满腹牢骚，说是同样的会，省里开罢市里开，市里开罢县里开，一连六天都在会上泡，咋工作？笔者也是一肚子不高兴，面对基层干部的怨气，又理解，又无奈，当晚就以镇长的话为论题，写了这篇一吐为快的"今日谈"。有怨气，就要想办法解气，气在哪里，气在"一周六天会，就是工作？"当然，气归气，还是要用有力的论证明是非。既说必要的会要开，又说工作不等于开会，以会议贯彻会议就是彻头彻尾的形式主义，就应该鞭辟入里地痛加挞伐，力求为基层干部松绑，让他们多些抓落实的时间。由于问题抓得准，鞭挞不留情，结果引起省委领导高度重视，一番指示监察下去，文山会海由此得到一定遏制。

　　有心的读者也会发现，同样一个话题，王慧敏在《人民日报》"下乡手记"中也曾涉及过，也是一篇新闻短论，题目叫作《一年开会二百多》。按这个频率，跟笔者所批评的一周六天会也差不多。所不同的是，"今日谈"篇幅更短，谈事议论也更简洁。"下乡手记"篇幅长些，说事议论更为从容，文章一开头先是讲了一则故事，生动传神地描绘了一个地方的防汛通讯演练现场会，一个又一个领导讲话，重复着相同的内容，然后才是颇为滑稽的演练活动，让人觉得这会议非常热闹却又无比无聊，接下来是几段透彻议论，完全是毛泽东同志所说的"傍着活事件来讨论"的那种洒脱，其中则透露着毫不留情面地鞭答：

　　　　……

　　　　通过开会，传达上级精神或是推广某项经验，本无可厚非。但在有些地方，开会被某些领导干部当作了应付工作的"道具"，一说推动工作，就是开会，全不管效果如何。什么形势分析会、协调会、现场会、加油会、经验交流会……五花八门，名目繁多。干部的大部分时间都泡在了会上。我熟识的一位县委书记告诉我，1998年，仅县一级的会议他参加了213个，有时一天要开几个会。

他说，有的会议确实没必要开，譬如种庄稼，农民比我们内行，该怎么种，不用吭声，到时农民都会种好。但是光小麦从种到收，县里围绕小麦生长的各个环节召开的各种会议就不下10个：备播会、抗旱会、冬季麦田管理会、春季麦田管理会、小麦一喷三防会、小麦收前评产会……这些会议，哪个都还不能落下。既然省里开了，市里就得开，市里开了，县、乡就不能不开。人人都知道这样的会没必要开，但大家都在开，似乎不这样就不是抓工作。

这么一大段文字，其实就是开头故事的延伸，是具体事实后的详细解读，是将事实往实处演进的再次交代，给下面的议论更加蓄足了势，到了这里，短论已如将要决堤的洪水，一开口子要将问题的根子揭露出来，直接指出会议泛滥成灾其实是不作为、不担当的形式主义思想在作祟：

这种情况所以存在，究其原因：其一，有干部思想意识的问题。比如防汛，一位知情的同志说："开不开这样的现场会，对干部来说，大不一样。开了会，万一决了口，可以推脱责任，反正该布置的我早布置了。不开会，出了事，追究责任，首先一条是说你重视不够。"

其二，至今还有不少干部搞不清楚市场经济下政府该干些什么，仍把计划经济下的工作模式运用到市场经济中。

干部们天天泡在会议里，自然就很难抽出时间搞调查研究、很难深入基层为群众办实事。我们强调深化改革，不仅制度要改，观念、思维方式、工作方式不到位的，恐怕都得改。

（《人民日报》1999年11月15日，此文引自《下乡手记》略有删节）

由此看来，短论的鞭挞作用必须要做到两点：一是问题抓得准，二是鞭挞要打在痛处。无论是王夫之所挞伐李斯导谀劝淫之行径，还是晏子直面鞭笞矜勇力不顾行义之行为，以及针砭当今政风中形式主义时弊，其挞伐作用都是针对问题而言的。特别是当下舆论宣传上，针对问题的鞭挞短论更要直击问题要害。但是，问题不是坐在办公室里想出来的，是在生活中实实在在遇到的，鞭挞也是针对问题而用，不回避，不绕弯，直面敢言，字字句句都打在痛处，如此才能够起到新闻短论的挞伐之功。

新闻短论的作用还在于倡导

倡导者，带头提倡，率先建议，由于事物有好的因素而倡议引导。倡导有号召推行之义，与赞颂意义接近，但又不完全相同，赞颂偏重赞扬歌颂，而倡导则主张照此而行，注重行动。倡导又与明理、析因相连，但亦有所不同，倡导自然有理有因，人人明白，不需多说。倡导与挞伐作用完全相反，凡是挞伐类短论必定反对，而倡导类短论必是旗帜鲜明地推行。从古至今，凡事物有好的意义，对社会有益，对人生有利，裨于教化，自会有倡导者、建议者、推进者，其倡导短论名篇佳作自是多有存世传扬。

倡导者，一在事物有意义，二在最早去发现，三在及时发倡议。事物发展，人类进步，需要有意义的典型去引导。但典型在于发现，而发现又要有眼光，带着问题和思考的头脑，才能有效而较早地发现典型的意义在哪；发现了还要及时而准确地向外界发倡议，有发现而没有及时发倡议，也不能起到应有的作用。古往今来，对于有意义的事物和典型榜样的树立，短论都发挥了极其重要的作用，具有比诏令、文件和部署都重要得多的效力。且看《读通鉴论》中的倡导短论《周市辞不王魏》，以及《晏子春秋》中有关倡导型短论，就可看出倡导短论的深远影响。

《周市之不王魏》论的是秦末农民战争中几位名士的贤与不肖。

王夫之以事实为依据，将"义"作为评价他们举动的标准，开篇即说，陈婴不自立，与周市不做魏王，两人的事迹相似，但相比之下周市更为贤明。接着是以周市的话引出论点，即"天下昏乱，忠臣乃见"，天下混乱的时候，忠臣才能显现出来。王夫之引入理论论据进行有力论证，即《周易》所言"负且乘，致寇至"。卑贱者背着人家的财物，又坐上大马车炫耀，就会招致强盗来抢，其灾祸是显而易见的。反过来讲，为了道义而不敢出于人前，那么灾难也就不敢自找上门而是远遁他处。理论上成立之后，王夫之回到开头所言，认为同样是拒绝自立为王，自觉以大义为标准的周市就比受母亲启发才放弃称王的陈婴要高明。陈婴如果不是母亲劝阻他称王，他的前途也是很危险的呀！周市却是言行一致，以忠臣义士之举，在夺回魏国后请求陈胜任魏王后裔魏咎为王，自己担任相国。这就印证了《庄子·逍遥游》中那句话："大浸稽天而不溺，疾雷破山而不震。"论说到这里，王夫之又将周市之义反驳到曾与孔鲋对话的陈馀身上，说陈馀自矜儒者，而不能守义，偏偏去争个代王名分，结果在井陉之战中被斩杀，而周市辞不王魏，虽死如生，义昭天下。此短论恰如编者按语，旗帜鲜明地倡导世人以周市为榜样，学习他的忠臣义士之举。且看短论如是说：

> 陈婴之不自立也，周市之不王魏也，其情均也，而周市贤矣。市曰："天下昏乱，忠臣乃见。"义之所不敢出，害不敢自之而远。居尊以为天下不义之魁，"负且乘，致寇至"，灼然易见，而人不能知。非不知也，无志义以持其心，流俗之蛊之者进矣。陈婴非幸而有其母，亦殆矣哉！市之一言，所谓"大浸稽天而不溺，疾雷破山而不震"者乎！陈馀自矜儒者，而不能守义以自王。周市

虽死而如生。陈馀碌碌以死，又何称焉？

(《读通鉴论》卷一·二世·一)

再看《景公问为臣之道晏子对以九节》，在这一答对式短论中，晏子列举了九条臣子应遵守的准则，当然也是晏子所倡导的为臣之道。晏子的执政理念是"重民""民本"，以此为核心形成了一系列经世致用的政治主张，这一切都体现在他的谏言答对和身体力行之中。特别是对为臣之道，更应严格要求，因为臣是执行者，一言一行都决定着执政理念的落实。正如毛泽东所说，"政治路线确定之后，干部就是决定的因素"。在干部的"表率"作用方面，晏子把实行善政、举荐贤人、不苟且求富、不苟且求财放在重要位置，而且希望为臣者，当自己的意见被采纳，人民得到自己的好处，也不要去夸耀自己的功劳。如与新闻短论相比，这样的答对，可算作"今日谈"，也可作为编者按，其为臣之道在今天对于公职人员来说，更是极有倡导意义的。且看：

景公问晏子曰："请问为臣之道？"

晏子对曰："见善必通，不私其利。荐善而不有其名。称身居位，不为苟进。称事授禄，不为苟得。体贵侧贱，不逆其伦。居贤不肖，不乱其序。肥利之地，不为私邑。贤质之士，不为私臣。君用其所言，民得其所利，而不伐其功。此臣之道也。"

(《晏子春秋》·内篇问下)

晏子所说的为臣之道，在今天也可称为官之道。中国自古倡导儒家思想治国理政，讲求为官替百姓着想，为百姓办事，而且应该做百

古今比较,看新闻短论的作用

姓的榜样。《史记》中有《循吏传》,专门为好官立传,说的是好官故事,树的是好官典型,意在劝导为臣者做好官行好事。晏子针对景公所问,直言应对,从论证上真言倡导为官者应有的作为,在今天也仍有极为深刻的教育意义。新闻短论也是如此,论说得好,让人心悦诚服,恰如雨露润物细无声。《之江新语》中就有许多篇什是倡导为官之道的,比如《心无百姓莫为"官"》《领导干部要欢迎舆论监督》《做人民群众的贴心人》《领导干部要放下"架子"、做好"样子"》等,可谓篇篇精妙,堪与上述所论"九节"相比拟。

在为官之道上,各类媒体多年来都有名篇佳作不断推出,比如人民网评就有作者恺理的《转作风,领导干部要有"看齐"意识》短论,其传播范围更大,效果更佳。短论开头就引用中央领导的话,阐明了领导干部表率作用的重要性,然后层层推进,从正反两方面加以论述,先是讲到新一届中央领导集体如何说如何做的,接着摆出了一些地方存在的问题,明确指出领导干部负有很大责任,从而真正讲清楚了领导干部"看齐"意识的重要,以及如何落实到行动上:

"风气好不好,主要看领导"。"领导干部行得端、走得正,才会有'向我看齐'的底气。"刘云山同志日前在中央党校春季开学典礼上的这句话,可谓一针见血地点出当前作风建设的关键。

新一届中央领导集体执政以来,高度重视党的作风建设。从中央政治局制定改进工作作风的八项规定,到国务院新班子对三公经费"约法三章";从治理舌尖腐败,到提倡真话实话短话,自上而下掀起的这场"作风风暴",收到很大成果。然而,在一些地方,积习很难根除,花样还在翻新,转作风面临能否持之以恒、如何继续深入的考验。作风建设的"穴位"在哪里，要害在哪里？

显然，领导干部就是这些问题的"关键"。

……

一个地方、一个单位、一个部门的风气好不好，领导负有很大责任。文山会海、奢侈浪费、迎来送往，形式主义、官僚主义、享乐主义、奢靡之风，这些问题，说到底，根子就在干部作风不正上。领导干部既是不良风气的受害者，也是不良作风的制造者。所以，如果总是强调"风气不好与我无关"，认为"转作风是别人的事"，总是把不良积习推在别人身上，把作风要求盯在他人身上，不从自己身上找问题，不注意"防风"与"整风"，这，本身就是领导干部的不良作风，需要摒弃纠正。

善禁者，先禁其身而后人。其身正，才能不令而行。对领导干部来说，这是底线要求，也是最高要求。领导干部的一言一行，下级在学，群众在看。只有自己立得正、行得端，带头不搞排场、不破标准、不超标配置，事事简朴、处处节约、调研务实，说起话来才有底气，要求别人才有勇气，查处问题才有正气。

……

其实，本届中央领导就是最好的"风向标"。外出考察尽量不封路，开会讲话带头实打实，基层调研轻车简从，反对浪费毫不手软，不仅传递了作风建设的坚定决心，更赢得了群众的真心赞扬。中央领导率先示范、以身作则，各级领导干部是不是也该"照镜子、正衣冠、洗洗澡、治治病"，认真向中央看齐，也让普通干部和群众向自己看齐呢？

（人民网·观点频道2013年5月20日　作者：恺理　略有删节）

古今比较，看新闻短论的作用

讲究为官之道，更要注重为官者的自身修养，古话说，相由心生，其实为官者的言行更靠自身修养来支配，在倡导领导干部加强自身修养方面，许多短论同样产生了很好的影响。比如《之江新语》中就有不少篇有关领导干部自身修养的短论，《树立五种崇高情感》《成才必须先学做人》《用思想武器管好自己》等都是有关领导干部自身修养的名篇。这些短论运用马克思主义立场、观点和方法教育培养干部，是增强治国理政能力思想理论上的重要组成部分。笔者不才，在新闻短论的写作方面，就倡导干部加强自身修养上，几十年中也有一些思考和探索，写出了一些还算有些影响的稿子。比如"人民论坛"稿《领导干部要多读书读好书》，就颇受好评，一时成为地方领导的口头语。那是笔者在一线采访时遇到的典型，当时感触颇深，随后有感而发，一挥而就，可以说是笔者在新闻短论上的"得意之笔"：

在安徽亳州采访，谈起干部读书的话题，一位领导同志说出了一番感受。他说，每年去北京一两趟，不管再忙，也要抽出半天时间，到西单图书大厦逛一逛，买上几十本想读的书。而沉浸在书店的氛围里，又别具一番韵味。

在与一些中青年干部座谈时，这位领导同志希望大家终身学习，注重修养。不要整天忙着喝酒应酬浪费了大好时光，不要因为工作忙而忽视了学习。同时还认真地为他们开出了一些可读书目。

我顺便一问都是些什么书？他一口气说了几十本，有政治类书籍如《学哲学 用哲学》《中国：大国崛起》《中国国民素质危机》，有领导类书籍如《领导》《领导是什么？》《学习型组织纲领》，有管理类书籍如《基业常青》《细节决定成败》《中国企业向谁学习》，还有畅销书如《谁动了我的奶酪》《送给加西亚的信》等。

从这些书目中看得出，只有保持了良好的读书习惯，才可能说得出某一时期出版的新书。这位领导同志不仅是真看，也是真用。据了解，他原来是读农学专业的，如今视野变得开阔，读书让他获益良多。工作忙而读书多，不是得着读书的益处，是难以坚持下去的。

作为领导干部，读书是提高能力的一项基本功。问题是，很多同志一旦走上领导岗位，就渐渐会与读书、学习远离，成了开会、应酬的忙人，很少读书看报。

领导者工作繁忙是事实，如何处理好工作与学习这对矛盾，确实是要花点心思的。不读书可以有许多条理由，想读书做到三点即可，那就是一要静，二要挤，三要用。

静是读书的前提，忙中求静，只有静得下来，才能读得进书，才能好好思考，才能有所收益。这就需要有个良好的心态和学习习惯，整天浮躁焦躁不行。同时还要学会挤，鲁迅说他是把别人喝咖啡的时间都用来读书的，作为领导干部也要学会忙里偷闲，挤点时间用于读书充电。无论静还是挤，读书的落脚点都是为了用，只有把学到的知识与实践紧密结合起来，学以致用，指导工作，才能更加持之以恒地读书学习。

古今中外，大凡有所作为者，必定把读书学习放在重要位置。我们的开国领袖们，无论是在戎马倥偬的战争年代，还是在日理万机的建设时期，从来就没有放松过读书学习。他们正是把读书学习与工作实践有机结合起来，才能在革命建设中具有真知灼见，也才能走在时代前面，取得事业成功。

古今比较，看新闻短论的作用

在新的历史时期，新情况、新问题层出不穷，对领导干部的执政能力提出了新要求。在一定意义上，有的领导干部出现"本领恐慌"，是一种必然现象。而克服"本领恐慌"，一个重要途径就是要加强学习，多读书、读好书。如此，才有工作中的胜任，也才能变得自信和从容。

（《人民日报》2006年12月7日）

至今还记忆犹新，那天是采访其他事的，因为与市委书记挺熟悉，聊得很开心，一来二去，就说到了忙与读书的问题上，感觉很多干部忙于工作和应酬，没人去读书了。他却说自己再忙也会抽空买书看书，当时就觉得此番聊天是个短论的好话题，于是就多问了几句，多记录了一些东西，回来很快形成了此篇倡导型短论。笔者觉得，领导干部再忙也要抽时间读书，而且针对领导干部读书问题，提出了颇有见地的观点，即"不读书可以有许多条理由，想读书做到三点即可，那就是一要静，二要挤，三要用"。特别是在新的历史时期，新情况、新问题不断出现，对领导干部的执政能力提出了新要求。领导干部要克服"本领恐慌"，一个重要途径就是要加强学习，多读书、读好书。这篇倡导型短论有几个特点，一是"我"字出现在稿子中，这也是于宁、李德民先生在新闻评论专著中所说的，署名短论与社论、评论员文章和短评"老三类"有所不同的一点，就是社论等代表的是编辑部声音，而署名评论等是作者个人意见，"我顺便一问"就很自然，也更贴近读者。二是平时采访中对此就颇有感受，发现很多同志一旦走上领导岗位，就渐渐与读书、学习远离，成了开会、应酬的忙人，很少读书看报了，发现这样好的典型，就觉得应当建议大家向他学习。

三是因为与采访对象熟络，探讨起读书问题就像拉家常，从而加深了自己对领导读书问题更深层次的认识，写作起来就会深入浅出而又自然流畅。因为问题抓得准，倡导很有力，正值岁末快要放假时，有的地方领导就发出了节假日里要少些应酬，多些读书的要求，也许正是此稿带来的良好效应吧。

上述短论的几大种类，各有其自身作用和要求，明理类短论求真忌假，析因类短论求深忌浅，赞颂类短论求准忌偏，挞伐类短论求狠忌轻，而倡导类短论则求新忌老。其实，几大短论都要力求出新，追求新发现、新思考、新论述。新发现，在于时时放在心上，一旦遇到便及时发声；新思考，好多话题新是相对的，同一个话题，时代不同，会有不同的内含，当富有针对性的内容出现，就要有所反映，这全靠思考在先；新论述，那就是赋予鲜明可感的新内容。特别是在倡导型短论的出新出彩上，在过去几十年中，笔者于倡导类短论上有较多思索，也有较多成果，当然也引起较多较好影响。比如"人民论坛"《守住清贫》（《人民日报》2007年5月16日），"今日谈"《引导而不要包办》（《人民日报》2002年4月19日），《"群众会该开的要开"》（《人民日报》2000年8月20日），《党员身边应"四无"》（《人民日报》2000年12月2日），"杂谈"《别给无用协会当托儿》（《人民日报》2013年3月22日）等，单从标题上看，就都有较强的倡导性，其实许多问题不一定是第一个提出，但在新时期，又确有较强的针对性，是值得认真研究和探讨的好论题。

古今比较，看新闻短论的选题

古今比较，看新闻短论的选题

选题，按现代汉语词典解释，就是选择题目，亦即在写作之前对文章题材的初步确定。于宁、李德民先生在《怎样写新闻评论》中说，选题，是个"写什么"的问题。还说，一篇评论的成败，往往不在于评论员铺开稿纸以后怎么写，而在于铺开稿纸之前决定写什么。范荣康先生在《新闻评论学》中也说，一篇新闻评论的成功或失败，首先决定于选题。

不过，他们所说的选题，是有关社论等"老三类"评论的选题，与本著所说的新闻短论的选题有所不同。不同点有三个方面，一是各自承担的使命不同，二是所起的作用不同，这些本著对此已有具体分析，这里想重点说的是第三点，选题来源上的不同。评论大家们的专著中，对社论等"老三类"评论选题从何而来的问题，都作了具体而权威的分析，简单来说，主要是三个方面：上头、下头和报道。上头是指中央精神，下头是指群众实际，报道是指新闻报道。因为社论等"老三类"评论代表编辑声音，所以评论选题主要由报社编委会确定，当然评论员及编辑等也研究评论及短评选题，但反映的多是"上头精神"。而短论则不同了，就选题而言，短论多来自"下头"，从"下头"选题，也就是从实际生活中选题，从社会实践中选题。社会实际生活中随时随地出现的问题，是短论选题的重要来源，这些内容具体、实在而又生动，离读者比较近，也是有别于社论等"老三类"评论的重要特性。

有关社论等与新闻短论的显著区别，邵华泽先生在《同研究生谈新闻评论》中分析得更为清晰明了。他说，社论直接地、理论联系实际地阐述当前形势和党的方针、政策，及时传达党的指示精神，部署工作，提出任务。新闻短论则不同，他说，新闻短论或从作者切身感受说起，或联系时事新闻，或起兴于历史事件，或有感于民意民情，道理就从这里引申，或为劝勉，或为解惑，或为释疑，或为棒喝。邵华泽先生是在分析论证方法时说的，他说，大至报纸社论，小至个人署名的短论（或曰"微型评论""小言论"），其论证方法都离不开由表及里、由此及彼、虚实结合。

新闻短论的论证说理方法，在后面的章节中还会有专门研究，这里想说的是，邵华泽先生的科学论述让我们更为清晰地了解到短论与社论等"老三类"评论的区别所在，既有任务担当上的不同，也有作用名分上的不同，当然也说出了选题范围的不同。笔者认为，邵先生对新闻短论定性及选题的擘画格外有理而到位，其实古往今来，除政论文性质的论说篇章外，凡据实而议，有感而发，大体离不开或作者切身感受，或联系时事新闻，或起兴于历史事件，或有感于民意民情这样几个方面的内容，努力在明理、析因、赞颂、挞伐或倡导上发挥作用。所以，此处特借用邵华泽先生的权威论断，结合笔者肤浅的实践认识，联系古今短论上的名篇佳作，试析新闻短论选题范围。

切身感受类

　　感受的释义是，生理学上由感受器接受刺激并将其转化为神经冲动，从而产生的体会、感想。此言"切身"二字也需要特别关注，切身就是迫身，意即亲身经历。只有亲身经历，才会有真切感受。古话说，事非经过不知难，没有亲身经历过的事情，就不知道它的艰难。自己亲身经历过，而且要有深切思考，没有善于且敏于思考，也是难以体会感受，并且上升为精彩短论。唯有亲身经历而又具备更上层楼的思虑，才能让相关短论出新出彩。

　　在这一部分研究中，笔者试以王安石的《游褒禅山记》，以及笔者为通讯配发短评《立足长远治水患》，还有笔者有关抗洪救灾中的"采访随想"《赈灾要多做实事》为例，对切身感受类短论选题作分析研究。由此不难发现，没有王安石对积贫积弱的深切阅历和思考，就不会想到立志图强的迫切和艰难；没有笔者经历过水患灾害的痛彻感受，就不会有防洪保安的重要深度体会，更没有对灾区群众救灾的深情实感。

　　《游褒禅山记》是北宋政治家、思想家、文学家王安石的一篇著名散文。王安石自幼聪颖，酷爱读书，过目不忘，下笔成文。稍长，跟随父亲宦游各地，接触现实，切身体验民间疾苦。因此，年轻时便立下了"矫世变俗"之志，他于22岁中进士后，历任淮南推官、鄞县知县、舒州通判、常州知府、江东刑狱提典等职，均能体恤民情，为地方除弊兴利。该文是王安石34岁时（1054年）从舒州通判任上辞职，在回家的路上游览了褒禅山，三个月后以追忆的形式写下的。4年后（1058年）他给宋仁宗上万言书，主张改革政治。上万言书12年后（1070年）罢相。他不顾保守派反对，积极推行新法，提出"天变不足畏，祖宗不足法，人言不足恤"的观点，表明了志在变法的志向、决心和巨大勇气。

　　这里想说的是，通过游记，王安石不仅生动描述了褒禅山洞的奇特景观，而且更触景生情，有感而发，阐述了自己早已拥有的变法改革思想和坚定意志。以下文中画线部分，是一大段据实而议的文字，正是本著前面所分析论说的加在文中的"按语"，在他看来，凡"世之奇伟、瑰怪，非常之观，常在于险远，而人之所罕至焉"，必定是"非有志者不能至也"，而且"有志与力"，还要不随便放弃，才可以"无悔"。其实做什么事情，都应该如此，如果没有远大志向，没有坚定的毅力和恒心，是很难达到既定目标的。这不仅在当时难能可贵，在当今社会也具有极其深远的现实意义。所以，读此篇游记，就不像柳宗元《永州八记》那样的咏景寄情之作，而是写景叙事，借事喻理，以文中精彩的短论，表达出精到的治世思想，以及深刻的人生之道。这种将议论置于文中的做法，在今天的纪实性文章中，就是难得的精妙短论，如果做成短视频，或者记游式文旅新闻报道，其中的短论就是最为吸引眼球的新闻短论。且看如下画线部分文字：

　　　　褒禅山亦谓之华山，唐浮图慧褒始舍于其址，而卒葬之，以故其后名之曰"褒禅"。今所谓慧空禅院者，褒之庐冢也。距其院东五里，所谓华阳洞者，以其乃华山之阳名之也……

……余与四人拥火以入，入之愈深，其进愈难，而其见愈奇。有怠而欲出者，曰："不出，火且尽。"遂与之俱出……既其出，则或咎其欲出者，而予亦悔其随之，而不得极夫游之乐也。

于是予有叹焉。古人之观于天地、山川、草木、虫鱼、鸟兽，往往有得，以其求思之深而无不在也。夫夷以近，则游者众；险以远，则至者少。而世之奇伟、瑰怪，非常之观，常在于险远，而人之所罕至焉。故非有志者，不能至也。有志矣，不随以止也，然力不足者，亦不能至也。有志与力，而又不随以怠，至于幽暗昏惑而无物以相之，亦不能至也。然力足以至焉而不至，于人为可讥，而在己为有悔；尽吾志也而不能至者，可以无悔矣，其孰能讥之乎？此予之所得也！

……

至和元年七月某日，临川王某记。

（〔清〕姚鼐《古文辞类纂》略有删节）

要说切身感受，这正是王安石游览中最真切的感受，那前洞方便，游人多，愈往前走洞愈深且险，而游人愈少而景愈美，然而因为同行者中有人因险生畏而退缩，主人也随之而退，结果留下的是难以释怀的后悔，这就像人生做事，如此半途而废，是什么事情也做不成的。王安石由旅游观光而想到自己的改革志向，改革有险阻，唯有肯登攀，由此也更坚定了有所作为的毅力，这是自我警醒的感悟，更是济世致用的警示，所以也才能传世久远，愈久弥香。这也足以体现出切身感受类短论选题的魅力所在。

切身感受类短论选题是最能打动人心的。因为这样的短论是别人所无法体验的，自然也就无法感受到，可以说是"独一味"的短论。因为亲自参与其中，体会自然比别人深，感受比别人真，往往辨析得会更到位，更能令人心悦诚服。这样的短论放在文中，会让文章格外提神，如王安石《游褒禅山记》，有那么一段精到短论，就使文章分外凸显出了励志鼓动性；再如笔者头版头条通讯《巢湖拆分 经济洼地迈上高地》，因为文中和文末适时适度地加入了区划调整的亲身感受类科学短论，也让通讯油然增色而更加为人称道。当然，这样的短论也可放在文前或文末，称为编前或编后，也可单独成篇，为署名作品。无论以什么形式出现，都会因为是切身感受，而在论述上表现得情真意切，感人至深。

也许你有过这样的经历和感受，当一地不几年就会遭到洪水袭扰，屋毁禾尽，人畜不宁，而同样的灾害，防备意识强，措施得力的地方则相对安宁，作为新闻记者自会抓住好典型写成报道，而后还觉言犹未尽，再为新闻稿配发上短论，以提升新闻报道效力。抗洪抢险之后就是救灾，同样需要更多更细致有效的措施，然而当一些地方赈灾走形式，瞎折腾，让老百姓心生寒意，和灾区群众心心相通的一线记者，自然会感同身受，随手来一篇挞伐短论，自然如短刃般指斥有力，催人醒悟。

上面所说有关防洪的短论写在1998年长江特大洪灾发生时，当时笔者在安徽沿江两岸奔波，采写了大量军民奋勇抗洪抢险的新闻报道，不过最想抓的还是防洪保安做得好、受灾程度小的典型，机会偏爱有准备的头脑，还真让笔者给抓到了。记得笔者听说安徽铜陵县安平乡的故事就激动不已，那是长江岸边的一个最低洼圩区，因历史上

古今比较，看新闻短论的选题

常常被洪水淹没而得名"淹平"，新中国成立后逐步得以整治才改名为"安平"，三年前一场大水破了圩，受灾严重，三年后再遇更大洪水，却安然无恙，为什么？笔者连夜乘船到安平圩区采访，第二天又跑到现场察看，还拍了现场图片，不仅饱含深情地写了篇通讯，而且用心做了醒目标题，其肩标题为"三年前一场大水冲破了圩堤，安平乡房屋倒塌，良田淹没；三年后的水更大，持续时间更长，而圩堤却安然无恙，堤内一片丰收景象——"再看主标题则直接发问《"淹平"何以变安平》。通讯以故事为主，一波三折，跌宕起伏，再加上图片，而后言犹未尽，又配发了短评——《立足长远治水患》，这是篇"采访随想"，是短评，更是短论，是依据新闻事实而论，又是笔者切身感受，确实有感，不得不发，那情感思绪也就达到了极致。且看：

曾饱受洪水肆虐之苦的安徽省铜陵县安平乡，在今夏特大洪水的冲击下为何能够安然无恙？最根本的一条在于苦干。3年来，安平人"不忘破圩苦，牢记洪水愁"，加大投入，矢志苦干，为根除水患付出了巨大努力。他们的顽强奋斗精神，令人钦佩。

在长江抗洪第一线采访，记者在被人们战天斗地的伟力深深震撼的同时，也为一些未能得到很好解决的水患而担忧。比如一些不合格的防洪设施，一些冲了建、建了又冲的圩口，一些建在堤脚的大小村庄，水来了受淹受累，水走了赶忙恢复，既耗费了大量的人力、物力、财力，也阻碍了当地社会经济的发展。

抵御洪水，是人命关天的大事。没有高度的责任心和使命感哪行？！党中央、国务院对灾区的恢复重建工作作出了一系列的安排，特别强调要加强基础设施建设、兴修水利、发展经济。各地应该抓住这一机遇，认真思考与洪水作斗争的经验教训，多些忧患意识，多些长远打算，科学规划，分步实施，争取早日根除水患，建设更加美好的家园。我们相信，安平乡能做到的，其他地方也一定能够做到。

（《人民日报》1998年9月15日）

说到赈灾的新闻短论，那也是笔者在一线采访时的真切感受。1998年长江特大洪灾载入了史册，长江流经安徽400里，从抗洪到赈灾，再到灾后防洪保安基础设施建设，笔者几个月沿江奔波，写了太多的新闻报道，也写了不少让心灵有所安放的短论，既有赞颂倡导的，更有鞭挞指斥的。对于不切实际的做法，不但不能跟风报道，而且必须批评鞭笞，其最有效的文字莫过于新闻短论了。《赈灾要多做实事》就是一篇批评性短论，也是很受地方干部群众欢迎的切身感受类选题。新闻同行常说要做有几把刷子的记者，通讯报道是一把刷子，新闻图片是一把刷子，有感而发的新闻短论则是更为有力的一把刷子（新媒体时代还要有会出镜、会制作、会传播等几把刷子）。且看此篇短论，虽然是"采访随想"，但依然闪耀着短刃般的光亮，对于形式主义的批评，是毫不留情的：

在灾区听到这样一件事，前不久某单位对口扶持灾区某镇，说好了日子来送寒衣。一大早，镇上群众就等在街头，翘首盼了大半天，等来的是长长一串小汽车，后边跟着一辆小中巴。想想看，小中巴里能装几件棉衣被？群众不甘心，还是往后看，可除了烟尘啥也看不到了。

即便这样,镇上人还得热情接待,说些千恩万谢的话。镇长后来说起此事,眼泪都要流下来了。他说,这是送的什么温暖呀,分明是寒了灾民的心。

洪涝灾害已让灾区付出了惨痛的代价,家园被毁更苦了灾民。全国人民纷纷伸出援助之手,捐款捐物,支援灾区,体现了社会主义大家庭的温暖。各地为了让支援落到实处,采取了对口支援的办法,没想到有人在对口支援中也搞起了形式主义。

支援灾区要多做实事,要设身处地替灾区人民想一想,灾区人民到底需要些什么。天冷了要御寒的衣被,要过冬的房屋,要吃,要医,对口支援就要看看对口的灾民最需要解决的是什么,把灾民最需要的送上去了,那才是真心实意地为灾民着想了,才能真正温暖灾民心。

中国共产党历来反对形式主义,在支援灾区上尤其是这样。各地在支援灾区问题上应该琢磨些切实可行的办法来,尽力帮助灾区群众解决最需要解决的难题,真正把党的温暖送到灾区群众中去。

(《人民日报》1998年11月3日)

事实是,无论正面新闻短论,还是批评性新闻短论,因为都是记者一线采访中的切身感受,事实过硬,说理对症,情真意切,不是一般的新闻评论所能替代的,宣传效果也不是一般的新闻事实性报道所能达到的。在这方面,笔者有较多的实践探索,也有较多激浊扬清时的欢呼雀跃,以及针砭时弊时的痛快淋漓,更留下了较多令读者称道的短小作品。除了上述战天斗地方面的种种短论,还有更多采访中切身感受的随性之作，如《科教兴农的魅力》(《人民日报》1995年10月16日)、《清洁乡村　坚持才有改变》(《人民日报》2013年4月28日)、《开发须科学有序》(《人民日报》2000年8月15日)、《多点志气少点怨气》(《人民日报》2000年8月1日)等，不光自己日后仍记忆犹新，许多短论在读者群里也时常被说起。这也许就是切身感受类短论首先感动自己，然后再去感动别人的深长魅力吧。需要指出的是，切身感受类短论选题其一是相对较宽，因为它伴随记者新闻实践全过程，采访涉及面广，记者的切身感受就多，所产生的新闻短论话题自然就多就广。譬如王慧敏的"下乡手记"，下乡接触面广，切身感受就多，随手所记的联想就多，故新闻短论话题题材就非常广泛。其二是真，因为是记者采访中的亲身感受，其议论情感就真切感人，不是无话找话说，也不会隔靴搔痒；其三是容易引起共鸣，令读者难忘。因此，记者写好切身感受类短论，其意义非常深远。

古今比较，看新闻短论的选题

时事新闻类

按现代汉语词曲解释，时事是指最近期间的国内外大事。新闻是指报社、通讯社、广播电台、电视台等报道的消息，互联网时代，还包括权威新媒体报道的消息，这些都是重大评论类的选题来源，无疑也是新闻短论的重要选题来源。新闻与评论有不解之缘，跟新闻短论一样同根相生。有新闻就有评论，有新闻就有新闻短论。新闻短论离不开新闻，古往今来，据实而论，往往就是依据新闻事实而论。在许多媒体上的短论中，就有"据载""据某某报道"之议，可以说，新闻短论的选题许多就来自新闻报道。新闻短论更应紧跟各类新闻之后，利用短论的短平快特点，提升其新闻的内在品质，让相关新闻发挥出更大、更好、更为广泛的影响力。

此类新闻短论选题来自新闻报道，其选题来源自然异常丰富。于宁、李德民在《怎样写新闻评论》中也说，评论的选题可以从"上头"来，也可以从"下头"来，还可以从报道中找。还说，报纸上有大量的报道，消息、通讯、特写、调查报告、报告文学等，它们好的主题思想，它们之中有典型意义的，一个人、一件事甚至一句话，都可以为评论提供好的主题。评论员要有从繁多的报道之中抓典型的能力。两位评论大家说的是专业评论问题，是社论等"老三类"大评论的选题问题，其实对据实而论的新闻短论同样适用。不过，新闻短论的选题更多是来自"下头",来自各类新闻包括新媒体报道,它的特点是依据事实,然后"论及一点,不及其余",往往只需要一点事实、一点激发、一点感受,就能有感而发,以事实为依据,发挥新闻短论运用典型指导一般的作用。当然,这要靠记者深刻的思考和敏锐的观察,要有如专职评论员从报道中抓取此类典型选题的能力。徐铸成也提出,新闻记者要站在思想斗争的前线,宣扬好人好事,揭露和批评有害于两个文明建设现象的黑暗面,还要发挥当代史家的作用,成为当代历史家,像司马迁、司马光那样,发扬"不虚美,不隐恶"的史家优良传统,记好事实,又借事喻义,亮明观点,坚持真理。唐宋八大家同样是言论大家,在据实而论的短论上更是名篇多多,王安石就是最具权威性的代表之一,不光在切身感受类短论上卓有成就,就是当今所说的"据载"之类的时事新闻类短论上,也大有名作传世。其《伤仲永》,就是依据时事事实,"论及一点,不及其余"的时事新闻类短论中的经典范例。且看:

金溪民方仲永,世隶耕。仲永生五年,未尝识书具;忽啼求之。父异焉,借旁近与之,即书诗四句,并自为其名。其诗以养父母、收族为意,传一乡秀才观之。自是指物作诗立就,其文理皆有可观者。邑人奇之,稍稍宾客其父,或以钱币乞之。父利其然也,日扳(pān 带着)仲永环谒于邑人,不使学。

余闻之也久。明道中,从先人还家,于舅家见之,十二三矣。令作诗,不能称前时之闻。又七年,还自扬州,复到舅家问焉,曰:"泯然众人矣!"

王子曰:<u>仲永之通悟,受之天也。其受之天也,贤于材人远</u>

> 矣。卒之为众人，则其受于人者不至也。彼其受之天也，如此其贤也；不受之人，且为众人。今夫不受之天，固众人，又不受之人，得为众人而已邪？

（〔清〕姚鼐《古文辞类纂》）

　　文章写方仲永天才早慧，却因不善引导，导致"泯然众人"的悲剧。全文280多字，先叙仲永才能之奇，五岁不识文字，拿到纸笔却立成诗句，其父不加栽培，而用来牟利，最终导致天才昙花一现。对此，作者用了"余闻之"，与当今之"据载""据悉"好有一比，说明新闻事实的来源之处，先是据听说，后又"于舅家见之"，因"不能称前时之闻"而有感，于是围绕天才的教育问题，辩证思考，说明天才也要接受良好教育，不然就会沦为普通人，而本来就平庸的人，如果又不接受教育，恐怕会连个普通人都不如吧？这段画线部分就是其中最为精道的短论，短短80余字的议论，把依据所见所闻的事实有感而发，所提出的天才教育问题论说得分外透彻，其对大众的后天教育学习更有着深远的警示意义。值得一提的是，短论虽短，而前面的事实叙述似全为短论服务的，如没有短论，那故事也就如同淡白水一样没有味道了，于此可见，精道的短论对提升事实传播力是多么重要。

　　新闻记者要有抓新闻的敏感，更要有抓取报道中可供写成新闻短论的素材的敏感，抓新闻的敏与抓新闻短论的敏感相结合，相辅相成，相得益彰，在新闻事业上必定会更加天宽地阔。当然，这种敏感用在抓切身感受类短论选题上灵光，用在时事新闻类短论选题上一样灵光，而且切身感受与时事新闻的敏感上还有相通之处。感受体会中不一定即时就有合适论题，而时事新闻报道往往会给予偶然得之的快感，从而带来心有灵犀一点通的惊喜。所谓机会偏爱有准备的头脑,说的就是感受之、思考之、观察之,心心念念,偶然中就会生出必然。这一点,在笔者几十年新闻生涯中,既从感同身受中增强新闻和短论敏感,又从时事新闻中寻觅新闻和短论选题,而且收获多多,惊喜多多。比如笔者曾参加中国记协组织的西部开发报道活动,十多天在甘肃、青海奔波,采写了大量西部开发中的好新闻、好典型,但也深为那里恶劣的生态环境所忧虑,期盼着那里能在保护生态上多些好的措施,多些生命之绿。心有所想,日有所思,也算是巧得惊奇,在回京复命转道宁夏的飞机上,笔者随手翻阅着机上配送的《宁夏日报》,没想到读到一条让人眼睛为之一亮的消息:为保护草原生态,宁夏决定将地方称为"五宝"的发菜、甘草"除名",以此减少人们对草原生态的破坏。作为能够写点新闻短论的记者,自然会为之怦然心动,于是紧打腹稿,迅速成文,一篇《喜闻发菜、甘草被"除名"》的"今日谈",成功地以源自时事新闻的短论再次传播了这一可喜的事实新闻:

  宁夏提出,要千里大草原,不要眼前小利益,下决心把发菜、甘草从"五宝"中除名,以保护草原生态环境免遭破坏。这一举措,可赞可叹。

  发菜、甘草多产于西部地区,属于地方特产。因发菜与"发财"同音,甘草能够生财,挖甘草、搂发菜者便趋之若鹜,给大草原带来了灭顶之灾。据了解,挖1斤甘草可使10亩草原变成沙丘,搂1斤发菜起码要破坏20亩草原。宁夏将发菜、甘草从地方"五宝"中除名,不失为一大环保举措。

  把发菜和甘草从"五宝"中除名,意在唤起群众的环保意识,

古今比较，看新闻短论的选题

但真正做到不图小利益，建设大草原，还需要做艰苦的工作。关键是要严格执行国家有关部门关于保护草场资源的规定，加大生态保护的力度，把转变观念和依法办事结合起来。

（《人民日报》2000年6月15日）

像这一类关注时事新闻，从中搜寻短论选题的做法，在笔者的采访实践中已习以为常，因而从时事新闻的阅读中得到过众多好的短论题材，写出了一篇又一篇自以为得意的小言论。粗略梳理一下，有据"报载"的短论《清风渐成贵持久》(《人民日报》2015年9月21日)、《靠无形的手调节农业》(《人民日报》1992年11月25日)等，有源自网络信息类的短论《不拿自己当外人》(《人民日报》2007年8月20日)、《"好玩"背后的痛心》(《人民日报》2015年10月7日)、《"山寨阅兵"是虚荣心作怪》(《人民日报》2015年9月15日)，等等。可谓秀才不出门，也论天下事，开掘时事新闻源，鲜活短论选题多。

历史事件类

历史事件包括历史人物。历史，简称"史"，指对人类社会过去的事件和活动，以及对这些事件行为有系统的记录、研究和诠释。历史的问题在于不断发现真的过去，在于用材料说话，让人们如何在现实中找到相应可以讨论的问题。一句话，历史是面镜子，鉴古知今，从中透视出今天可以借鉴的道理。也就是说，从历史事件、历史人物活动中足以寻觅到许多新闻短论的选题。邵华泽先生说到此类选题时，用了"起兴"二字，即起兴于历史事件和历史人物，起兴是诗歌表现手法之一，谓由外界环境触发诗兴文思，也解释为上劲、起劲。由历史事件的发生、历史人物的活动，触发了鉴古识今的闪光点，在突出问题意识引领下，围绕政治、经济、文化、人生等各个领域，广置议题，精当立论，纵横论证，揭示贯穿于历史之中的"道"与"理"。

前述王夫之《读通鉴论》，以及唐宋八大家所涉及的各类历史人物、历史事件的短论均属于此类选题。所不同的是，王夫之、唐宋古文大家等引述的事实多为旧闻，而新闻短论所服务、所联系的首先必须是新近发生的有意义的事实，虽然与历史人物、历史事件相关联，那也是古为今用，借古说今，或起兴于历史人物、历史事件，论说的却是当今最引人关切的问题，从而在历史的镜子中找到最好的答案，阐明最能打动人心的事理，使读者受众从中获取智慧、受到启迪。王安石的《读孟尝君传》正是一篇起兴于历史人物、历史事件的典型短论。且看：

> 世皆称孟尝君能得士，士以故归之，而卒赖其力以脱于虎豹之秦。嗟乎！孟尝君特鸡鸣狗盗之雄耳，岂足以言得士？不然，擅齐之强，得一士焉，宜可以南面而制秦，尚何取鸡鸣狗盗之力哉？夫鸡鸣狗盗之出其门，此士之所以不至也。
>
> （〔清〕张伯行选编《唐宋八大家文钞》）

《孟尝君传》指司马迁《史记·孟尝君列传》。孟尝君，即田文，是战国四公子之一，以门客众多而著称，其诸侯宾客及亡人有罪者，乃至鸡鸣狗盗之徒，无贫贵贱，皆招致之。《史记·孟尝君列传》记秦昭王曾欲聘孟尝君为相，有人进谗，秦昭王又囚而要杀他。孟尝君依靠门客装狗盗得狐白裘献给秦王宠姬，由宠姬说情而获释放，后逃至函谷关，又以门客能为鸡鸣者赚开关门，回归齐国。这篇短文是王安石读《史记·孟尝君列传》后写的随笔，也是篇短小精悍的读后感，更是一篇史称"千古绝调"的驳论文，自然也是一篇精妙无比的短论。短论有立论，也有驳论，都是议论和说理的方式。此文为驳论，先道出世人对孟尝君"得士"评价，即一向以广纳人才、手下人才济济为人称道；接着笔锋一转，强烈批判孟尝君所重用的士人不过是"鸡鸣狗盗之雄"，并非为"士"；进而指出"士"的标准应是国家栋梁之材，这也为治国理政延揽人才应从大局着眼提出自己的主张。文章字少而意深，笔力雄健，气势颇大，体现了改革者的锐气。有人说，这是中国历史上第一篇驳论文，对此虽难以考证，但称之为绝妙短论却不为过。它既有新闻短论的"据载"标志，又有"只取一点，不及其余"的特征，还体现了驳论和立论相结合的短论之范，即以两句反问而驳"得士"之说，又以"鸡鸣狗盗之出其门"，而"士之所以不至也"树立起短论论点，故堪称古今短论范例，其立论精当，论据典型，论证精辟，"足以为后世法"。

以历史人物、历史事件引起对当今问题的联想，更能打动人，更能说服人，从而起到良好的教化作用。而要运用好历史类选题，必须有深邃的洞察力，有较高的灵敏度和丰富的联想，能够与现实结合起来，触发文思，上紧短论论辩发条，写出历史与现实相融合的精彩短论。正因为有着历史与现实的奇妙联想力，有些时候会创新性地推出非常新奇的短论，其背后的故事，也着实令人慨然叹服，引人遐思。此处就以有关杭州西湖的几个历史故事，试析相关新闻短论的妙思精论。

先说笔者的一篇新闻短论，发表在"人民论坛"上，题目为《由"白堤"说"官事"》，其缘由正是起兴于感人的历史故事。在美丽的西湖，有"苏堤""白堤"之说，说的都是古人为官有为的故事，而"白堤"又因一块新近出土的石碑倍受人关注。有关"白堤"石碑的故事，是王慧敏同志讲起的，那时他任人民日报社浙江分社社长，笔者一行赴浙江学习，站在湖堤岸边，王慧敏讲起西湖清淤挖出了有关"白堤"的石碑，其碑文《钱塘湖石记》就是时任杭州刺史的白居易所写。钱塘湖，即杭州西湖。《钱塘湖石记》是修治西湖水利以灌田、沦井、通漕的文告。从中可以看出，不仅当时修治计划周密，而且是冒着风险为民谋利，更为着西湖的长治久安而殚精竭虑。该文是水利史上不可多得的美文，也是文风朴实的精美短章。王慧敏讲得动情，笔者听着过瘾，特别是说到白居易身为杭州刺史，当时面对天旱灾重

古今比较，看新闻短论的选题

而又有水无法灌溉，航运受到影响，于是决定修筑湖堤，兴利除害，但当地官员却以"不利钱塘县官"为由横加阻拦，一说"多假他辞以惑刺史，或云鱼龙无所托，或云菱茭失其利"，又说修堤会造成"郭内六井无水"，还说会触怒天庭带来老天报应。白居易不为所动，不为所惧，力排众议，率民筑之，堤成而民欢悦，于是欣然写成《钱塘湖石记》，尽数修筑湖堤之利，力批种种妄言谬论。王慧敏讲到动情处，诵其语句，声情并茂，听之令人热血沸腾。笔者曾写过多篇短论，指斥官场作风浮夸、搞形式、图享受等不良风气，有"人民论坛"稿《领导干部要少些"官味"》(《人民日报》2007年9月24日)，也有"今日谈"稿《多走一点"冷门"》(《人民日报》2002年2月15日)等。比起白居易等古代一些有着卓越才干和良好治国思想的官员，现在的一些官员是何等浅薄顽劣。面对如此生动历史素材，结合现实，浮想联翩，夜不能寐，于是动笔写了此篇短论，目的就在于借史喻今，吁示"各级干部唯有始终把群众安危冷暖记在心上，悉心尽责，全心担责，才能成为百姓念叨的亲民之仆、治事之官"。且看：

"鱼龙与生民之命孰急？菱茭与稻粮之利孰多？"这是白居易为修治西湖水利而写的《钱塘湖石记》一文之语。两个反问、两个对比，价值选择上的取舍一目了然。近日与友人观西湖白堤，谈及白居易为官之事，感慨良多。

白居易始任杭州刺史时，决定修筑湖堤，兴利除害，而当地官员却以"不利钱塘县官"为由，横加阻拦。而且"县官多假他辞以惑刺史，或云鱼龙无所托，或云菱茭失其利"，又说"郭内六井无水"，最有甚者，说会触怒天庭带来老天报应。白居易不为所动，不为所惧，力排众议，率民筑之，堤成而民欢悦，他欣然写成《钱塘湖石记》，尽数修筑湖堤之利，亦力批种种妄言谬论。

"万事胚胎，皆由州县。"地方官的为政良心，直接关乎一地百姓的安危冷暖。白居易做县尉时就曾写下《观刈麦》，看到百姓"家田输税尽"，靠拾穗"充饥肠"，不禁"念此私自愧，尽日不能忘"。有此心肠，怎能不一心为民，去解民生之多艰？正是心有民众，在看到守着西湖无法灌溉、无法保证城市居民用水、无法确保航运时，白居易即想到"修筑湖堤，高加数尺"，不仅可保"千余顷田无凶年"，还可保城内"井水常足"。

千百年来，虽然经世济民一直被奉作入仕为官的圭臬，但百姓真正推崇的好官并不多。究其缘由，口头上"爱民如子""视民如伤"容易，但一事当前，要迈开计利为民的步子，却需要闯过私心杂念、官场流弊、风言风俗等重重关卡。面对众议、非议，白居易的可贵就在于，不问利不利官、利不利己，而是急生民之急、念稻粮之利，排除万难为民计利。惟此心中有民者，才能临事做出正确的决断。

我们常讲思想上松一寸，行动上就会松一尺。今天一些干部之所以不能在行动上见到为民之实，群众之所以批评他们"只有唱功没有做功"，原因就在于脱不开"小我窠臼"，丢不开心中的小算盘，任事往往先掂量自己的得失，做事不怕群众不满意、就怕上级不知道。如此患得患失，何来"拎着乌纱帽为民做事"的无畏？

"道之纯厚，遇之有实，虽不言曰'吾亲民'，而民亲矣。"为官之道，全在于一个干字。唯有真正做到心中有民，方能干在实处，责尽心安。白居易在《钱塘湖石记》中，还详尽说明水大水小时应注意的事项，提醒继任者不灌溉时要关闭闸门斗门。最后还写道："恐来者要知，故书于石。欲读者易晓，故不文其言。"也就是说，这些事项是为了告诫后来者的，想到让人好懂，因此没用文言文。如此为民尽责之心跃然纸上，更令今人深思。各级干部唯有始终把群众安危冷暖记在心上，悉心尽责，全心担责，才能成为百姓念叨的亲民之仆、治事之官。

"干在实处，走在前列"，这是习近平总书记的告诫。心中有民，真抓实干，把脉民瘼民声，抓住群众最关心的问题，扎扎实实办几件实事、解几道急难，必能书写顶天立地、光明磊落的人生。

(《人民日报》2015年2月16日)

这是起兴于历史人物和历史事件的短论典型，事实上，只要记者关注历史文化，在历史与现实问题的结合上多加联想，就能够捕捉到太多太多的短论选题，开拓出更为广阔的短论渠道。就说围绕西湖历史文化的话题，就有许多散文短论名篇，不用说，白居易《钱塘湖石记》就是纪事与短论相结合的短论，借事喻理，用事实驳斥了修堤不利的种种谬论，指出"且鱼龙与生民之命孰急？菱茭与稻粮之利孰多？断可知矣"。"又云放湖即郭内六井无水，亦妄也。""而云井无水，谬矣！""其郭内六井……与湖相通……亦宜数察而通理之"。其说理充分，文风朴实，摘编出来就是非常经典的据实短论。围绕西湖文化这一话题，可以说有道不完的短论话题，也就在笔者拙论之后，王慧敏围绕着西湖历史也写了篇借史喻理的短论，刊登在《人民日报》"人民论坛"栏目，其议论更为精辟感人，特录如下：

西湖边的"两道风景"

葛岭,呈东西向紧贴着西湖北岸。山不高,却是观西湖的好去处,登上岭顶,西湖风光尽收眼底。葛岭上有两处风景惹人注目:一处是位于葛岭西端的"岳庙",另一处是位于东端的"后乐园"。两者相距不过几百米。

"岳庙",是为纪念民族英雄岳飞所建。"三十功名尘与土,八千里路云和月。"建炎年间,岳飞率领岳家军同金军大小数百战,所向无不披靡。当他准备直捣黄龙"行复三关迎二圣"时,却被十二道"金字牌"强行召回,并以"莫须有"罪名遭冤杀。后人很为他鸣不平,游客来杭州大都会到"岳庙"瞻仰一番。

葛岭东端的"后乐园",早已颓圮,只留下几道残壁和当年叠园的山石。"后乐园"取自北宋名臣范仲淹的"先天下之忧而忧,后天下之乐而乐"。但他的主人,却是一个不折不扣的大奸臣——宋理宗年间的丞相贾似道。说到误国害民,他和秦桧相比也不遑多让。

这两道风景,是南宋国运兴衰的展示窗口,也是治国理政时如何选人、用人的活教材。高宗南渡之初,起用了岳飞、韩世忠等一干名将。那时的高宗,还记得"靖康之耻",励精图治。于是,朝野上下,君臣用命。尤其是岳飞,以身作则,治军严明。他的"岳家军""冻死不拆屋,饿死不掳掠",连金人都哀叹"撼山易,撼岳家军难"。在岳飞带动下,河朔纷起,天下英雄云集,南宋也迎来了短暂的"中兴"。

自从岳飞被冤杀后,"众将莫敢言战"。曾是四大抗金名将的张俊竟协助秦桧推行乞和路线。"山外青山楼外楼，西湖歌舞几时休。"人们埋首于风花雪月、饮宴悠游。到了贾似道把持朝政，更是把这种柔靡之风推行到了极致。贾似道的"后乐园"里天下奇花异草应有尽有，可他还不满足，又大兴土木，在湖边专门建了一个上船亭，让人设计了一种用盘车绞动的锦缆舟。理宗对贾似道也极尽迁就，答应他不用每天都来上朝，可以五日一朝，之后又改为十日一朝。于是，贾似道终日在湖上与一帮宫女、娼妓饮酒嬉戏。时人戏称："朝中无宰相，湖上有平章。"

这样的官风、政风，带来了什么结果？南宋的中后期，基本上是苟延残喘，没有组织起一次像样的抵抗，签订了一个又一个"城下之盟"。德祐元年，贾似道兵败丁家洲，乘单舟逃奔扬州。次年，南宋都城临安沦陷！

"正邪自古同冰炭"。对于西湖边上的这两道风景，元朝诗人贡师泰这样评价："葛岭东家是相门，当年甲第入青云。楼船撑入里湖去，可曾望见岳王坟。"诗中把亡国之相贾似道与精忠报国的岳飞放在一起比照，内中蕴涵发人深省。

的确，倡导什么样的官风、政风，关乎国运的隆衰。那么，怎样才能营造出良好的政风、官风？除了制定长策把世上最有才干、品德最淳良的人吸引到队伍中来，对那些"莠草""稗子"也必须清除。只有剔除杂草，庄稼才能茁壮成长。像南宋那样"劣币驱逐良币"，国家如何兴盛？

今天的时代已迥然不同，但道理却甚相通。我们党坚持正风肃纪、强力反腐，建设廉洁政治，正是为了使歪风邪气受到遏制，让清风正气得到弘扬。从根本上说，党风政风的清新，赢得的是党心与民意。

(《人民日报》2015年12月25日　作者：王慧敏)

　　王慧敏的短论同样起兴于历史人物和历史事件，而且是巧妙地将西湖边上东西两大历史文化景观相结合，将名将与奸臣相比较，提出了"倡导什么样的官风、政风，关乎国运的隆衰"的深邃论点，短论写到，起用忠臣名将、君臣用命、南宋"中兴"，而奸臣当道、柔靡成风、败国而亡。正是在如此惨痛的事实对比中，进而点明事理，引申出营造良好官风、政风的重要性，强调唯有党风政风的清新，才能够赢得党心民意。短论以讲故事入手，喻理于事实之中，更为生动感人，更能将清风正气、廉洁政治的大道理喻于历史人物和历史事件中，实在是古为今用的短论名篇佳作。

　　这也让人想到《之江新语》中有关西湖文化传承的短论，鲜明地提出《加强对西湖文化的保护》，更有着深远的历史意义和现实意义。2002年，作为杭州市地标景点的西湖，开始了综合保护工程。西湖彻底打破了景区的围墙，拆除了西湖边违章建筑，修复重建了180多处人文景点，恢复了历史上西湖西部水域。同时相继取消130多个景点门票，还湖于民，使景区与城市融为一体。2003年，习近平同志在《加强对西湖文化的保护》的新闻短论中精辟论说道：

　　杭州西湖承载着悠久的历史，积淀着深厚的文化。西湖文化在杭州文化中有着独特的位置。在西湖四周，留下了吴越文化、南宋文化、明清文化的深刻记忆，留下了无数文人墨客的佳话诗篇，留下了不少民族英雄的悲歌壮举，留下了许多体现杭州先民勤劳智慧的园、亭、寺、塔。可以说，西湖的周围，处处有历史，步步有文化。

对这些历史文化遗存，我们一定要保护好，利用好，传承下去，发扬光大。杭州在去年南线景区改造和今年新湖滨景区、杨公堤景区建设中，挖掘和恢复了不少历史文化景观，进一步丰富了西湖风景名胜区的文化内涵。在今后的开发和建设中，还要始终坚持这一点。现在有的地方搞旧城拆迁改造，把一些文物古迹搞得荡然无存，这是非常可惜的。作为省会城市，杭州应在保护文化遗存、延续城市文脉、弘扬历史文化方面，发挥带头作用，做得更好。

（《浙江日报》2003年9月29日，此文引自《之江新语》）

历史文化的保护是对中华文明的传承赓续，更是对现实发展夯实根基，如果没有当年富有眼光的历史性保护，哪有后来的西湖治理的《钱塘湖石记》出土问世，又哪有《由"白堤"说"官事"》，亦不会有《西湖边的"两道风景"》。短论与新闻事实密不可分，与历史类选题也是根脉相连。随着历史文化的保护发展，历史类短论选题将会更加层出不穷，丰富多彩。记者要有抓新闻的敏感，也要有古为今用新闻短论上的敏感，要利用好新闻采访广阔平台，抓取更多的历史类新闻短论题材，为新闻短论的繁荣发展作出更大贡献。

人民日报记者怎样写短论

民意民情类

新闻媒体要讲究党性，也要讲人民性，传递党和人民的声音是一致的、统一的。新闻短论既要注意从"上头"找选题，更要坚持从"下头"找选题，因为短论比较社论等"老三类"评论来说更接地气，其民意民情类选题更不可小觑。邓小平同志多次强调，执政党要倾听群众的呼声，要让群众有个说话的地方。刘少奇同志在《对华北记者团的谈话》中也说："人民有各种要求与情绪，要采取忠实的态度，把真实情况反映出来，吹是不好的，应该吹的才吹，要把人民的要求、困难、呼声、趋势、动态，真实地、全面地，不是拉杂地而是精彩地反映出来。"刘少奇同志在这里所说的"精彩地反映"，在新闻媒体上，除了精彩的报道，还要有精彩的评论，更要有精彩的新闻短论。不光如邓小平同志所说，倾听群众呼声，让群众有个说话的地方，而且要多说老百姓想说的话，多反映老百姓的呼声，那么新闻短论正好开辟了多反映老百姓心声，多说老百姓要说的话的渠道。正因为新闻短论接地气，有着很强的群众性的特点，那么在新闻采访中，就会遇到太多的短论题材，就会有说不完的话题，因此可以说，民意民情类选题更是新闻短论的富矿，记者更要在此类短论选题上多些发现，多有作为。

自古以来，就有为民请命的，为民鼓与呼的，鲁迅还把他们称作

古今比较，看新闻短论的选题

中国人的脊梁。唐宋八大家优秀的短论中就不乏与民意民情相关的选题，如前所述韩愈《祭鳄鱼文》、柳宗元《捕蛇者说》，以及欧阳修《相州昼锦堂记》、苏轼《凌虚台记》、曾巩《越州赵公救灾记》等传世名篇中，都有恰似编者按语般的相关精彩短论，正是那些精道短论让其散文更为光彩照人。在这方面，王安石的《答司马谏议书》，更可以说是注重民意民情，坚持改革，富国强兵，"膏泽斯民"的名作。且看：

某启：昨日蒙教，窃以为与君实游处相好之日久，而议事每不合，所操之术多异故也。虽欲强聒，终必不蒙见察，故略上报，不复一一自辨。重念蒙君实视遇厚，于反覆不宜卤莽，故今具道所以，冀君实或见恕也。

盖儒者所争，尤在于名实。名实已明，而天下之理得矣。今君实所以见教者，以为侵官、生事征利、拒谏，以致天下怨谤也。某则以谓受命于人主，议法度而修之于朝廷，以授之于有司，不为侵官；举先王之政，以兴利除弊，不为生事；为天下理财，不为征利；辟邪说，难任人，不为拒谏。至于怨诽之多，则固前知其如此也。人习于苟且非一日，士大夫多以不恤国事、同俗自媚于众为善。上乃欲变此，而某不量敌之众寡，欲出力助上以抗之，则众何为而不汹汹然？盘庚之迁，胥怨者民也，非特朝廷士大夫而已。盘庚不为怨者故改其度，度义而后动，是而不见可悔故也。如君实责我以在位久，未能助上大有为，以膏泽斯民，则某知罪矣；如曰今日当一切不事事，守前所为而已，则非某之所敢知。

无由会晤，不任区区向往之至。

〔清〕姚鼐《古文辞类纂》

全文立论的论点是"儒者所争，尤在于名实，名实已明，而天下之理得矣"。其"名"是指司马光对新法"侵官、生事、征利、拒谏、致怨"的无情指责，而"实"则是王安石对此进行的逐条驳斥，指出"议法度而修之于朝廷"不为"侵官"，兴利除弊不为"生事"，为天下理财不为"征利"，驳斥奸佞歪理不为"拒谏"，因此遭诽谤也是意料之中。不难看出，其议论源于政，而落脚于民，民意大于天，为民是出发点，又是归宿点。如今之说，改革为了群众，改革的成果要让老百姓共享。短论还举出盘庚迁都的事实依据，说明反对者之众并不表明措施有错误，只要"度义而后动"，确认自己做的是对的，老百姓会理解支持的，因此就没有任何退缩后悔的必要。答书写到这里，似乎话已说尽。作者却欲擒故纵，说如果对方责备自己在位日久，没有能帮助皇帝干出一番大事，没有施惠于民，那么自己是知罪的。接着反转过去，正面表明态度，如要求自己"守前所为而已"，无所事事，那是断然做不到的，这里特别提出"助上大有为，以膏泽斯民"观点，表明坚持改革的最终目的，雄辩之处，其理自明。文章运用了反驳、引导、对比、证明、启发、类推等多种方法，由近及远、由远及近、层层逼进，是驳论性政论文的经典，更是新闻短论的范本，真正体现了民意民情，以及民生短论选题的仗义感和深刻性。

古代短论选题注重从百姓生活中得来，宗旨为民的党媒短论更应注重从群众生活中研究选题。人民群众的实际生活丰富多彩，生活中随时随地出现的问题是短论选题的重要根据，而且这些选题比较实在、具体、生动，离群众比较近，读者受众兴趣比较大，观点也容易接受。关键是如何发现，如何判定，如何抓得住，写得及时。这里就有个标准问题，有个敏感度问题，也有个时效性认识。说到标准，其实就是短论的评论价值问题。于宁、李德民先生认为，评论价值与新闻价值有着密切联系，新闻短论首先看新闻中的重要或新鲜的思想观点，对读者受众有无教育意义，是否值得去议论阐发；说到敏感度，与新闻敏感直接相关，新闻讲究有"新闻眼""新闻鼻"，新闻短论就是要有"短论眼""短论鼻"，也就是能从微小的新闻事实中发现和嗅到有意义的短论观点。最重要的是要有问题意识，问题就是事物发展中的矛盾关系，在矛盾中求和谐，辩证思考就是最好选择；说到时效性，更与新闻特性密切相关，只不过短论不像新闻那样需要猛抓快抢，但宣传效果往往也要有时间作保障。其实，无论是新闻短论选题标准，还是捕捉敏感，以及及时写作，都与新闻人的职业精神相关联，有关民意民情民生的短论选题，最重要的是记者要有先天下之忧、后天下之乐的情感，有些看似不怎么重要的选题，如果设身处地从百姓方面去考虑，就一定会发现不一样的价值。这些特别需要记者多体验、多感受、多思量，多到基层走走，多到群众中听听，见得多了，比较系就多了，问题意识增强了，发现选题的能力自然会大大提高。

比如在农村，进城务工的多了，村里大小事谁来管，有的地方村两委弱些，矛盾问题出现了，光靠村干部解决，效果并没有那么好，有的得不到及时化解，还会带来更大的矛盾，进而酿成大祸。在农村跑得多了，就觉得这是大问题，但一时又没有好的解决办法。有一次，笔者到安徽省和县陪客人参观考察，顺路看了当地的新农村建设，别人看风景，记者觅新闻，猛然见到村当中一个小院落的墙上挂着个并不大显眼的牌子，上面写着"村民说事点"，觉得特新鲜，随口就多问了几句，挖了一下背后的故事，明白了其中的缘故，深有感慨，回来就写了篇"今日谈"，很快就上了《人民日报》头版。且看：

村里需要"说事点"

在安徽省和县农村采访,走进王亮村时眼前一亮。村中一处老房子前挂着一块方方正正的牌子,上面写着"村民说事点",还写着这样几句话:"话有地方说,理有地方讲,事有人去办。"

细一打听,这户主人叫张治全,70多岁了,是个老党员。他热心肠,爱操心做事,深得村里人敬重。挂上这块牌子后,大家遇到了疙疙瘩瘩的事,喜欢到这里来说道说道;谁碰上了难办或者需要评理的事,老张也愿帮忙跑跑腿,坐下来道个理长理短。渐渐地,他家成了名副其实的村民说事的地方。县领导发现了这个好做法,要求在全县推广,于是上百个行政村都有了"村民说事点"。

以"说事点"为根据地,一位位老党员、老村干、老族长,成为村民信得过的主心骨,也实实在在地联系了群众,不仅聚了人气,还解了怨气、增了喜气,让新农村焕发出新气象。真期待"说事点"这类新鲜事,在农村多些、再多些。

(《人民日报》2014年8月25日)

中国农村是宽广丰厚的,也是相对松散而又如量子般纠缠的人群居集处,风平浪静时相安无事,一旦遇到点矛盾,又要有人出面调节说和,最有效的办法是,让那些有威望而又热心的上了年纪的人出来,细心听取当事人方方面面的意见,然后公平公道地评议一番,总体是话说着,烟抽着,或点灯熬油,或小菜烧酒,当事人喋喋不休,主事人慢条斯理,有时也会大吵大闹,最后总归是言归于好,这就是农村"说事点"的常态和魅力。笔者太期望广大农村多些这样的好做法，和谐社会需要，幸福乡村需要，中国式现代化建设更需要，所以，有了如此思虑，就有了捕捉新闻的敏感，在不大可能写成消息通讯的情况下，来点儿新闻短论，岂不美哉！正是怀着如此情怀，笔者没少发表和写作诸如此类的新闻短论，有"今日谈"《有热心肠方能解疙瘩》（《人民日报》2014年6月4日），还有围绕农村需要"小喇叭"，有所发现，也有感而发，写了两三篇新闻短论，有《村头喇叭能否响起来？》（《人民日报》2008年2月22日）的忧思，也有《村里还是要有小喇叭》的呼唤。特别是后面这一篇有关村里还是要有小喇叭的短论，其背后的故事，真是挺有说头的。那是人民日报社组织干部到河北藁城市参观考察，在岗上村听了文明村建设的情况介绍，又看到村里墙上、碑上刻着村民的动人事迹，最感动人的是村头小喇叭在反复播报，感到小喇叭的声音声声入耳，沁人心脾，笔者联想到在驻地省安徽亳州采访时，由后进变先进的大周村就发挥了小喇叭的作用，讲科技，颂新风，年复一年地如春雨潜入夜，润物细无声，成了村民不可或缺的好帮手。于是，兴之所至，就在会议上随手写了篇短论，发给当时与会的评论部主任卢新宁，她随后安排评论部编发，很快就上了《人民日报》"今日谈"栏目，笔者这样写道：

河北藁城市岗上村30年记《功德录》，贴墙上，刻碑上，还开通小喇叭反复广播宣传。安徽亳州市大周村23年来学科技，用科技，小喇叭三天两头哇哇啦啦说科技，哪块喇叭不响了，村民就会找到村部来。

但在广袤的田野上，许许多多的村庄里原来普遍开通的小喇叭早已销声匿迹了。记者参与安徽一个贫困村扶贫，村支书就渴望架起小喇叭，说发个通知，讲个什么事，就不要颠儿颠儿跑了。

村落相距远，村民分散，有个小喇叭很方便，其实那只是从实用便捷的一面考虑，还有更深层次的好处和意义。比如说说好人好事，孕育和谐向善新民风；讲讲党的好政策，传播先进实用新科技，让强农惠农富农更有好抓手。这些无疑已被许多个岗上、大周村的实践所证实。

广播村村通工作这些年做得扎实，为啥还会有许多村没喇叭？一是外出打工的多了，村子空了；二是村庄太分散，零零星星的，喇叭线够不到；三是有了但没有利用好，成了"聋子的耳朵"。总起来说，要让喇叭响起来，还是要加快新农村建设，让过于零星、空心的村适度集中，同时推广新型无线广播，易安装，好使用，最根本的还是要真用，不要让喇叭成了哑巴。如此，小喇叭才能真有大作为。

（《人民日报》2013年4月12日）

俗话说，处处留心皆学问，此话用在民意民情类短论的选题上，也是非常贴切的温馨提示。"下乡手记"更是处处留心所成就的大学问，是民意民情类短论选题的集大成者。全书分"下乡手记""热点感言""编余杂识"三个部分，其中"下乡手记"围绕农村耕地保护、减轻农民负担、农产品流通、土地流转、规模经营、文化娱乐、婚丧嫁娶等民意民情，以及文凭乱象、不法商贩、高额彩礼、弄虚作假、形式主义等农村不良现象，或鞭辟入里，弘扬正气，或针砭时弊，痛加挞伐，可谓题材广泛，涉及乡村民意民情的方方面面，也可看到，只要记者心中真正装着黎民百姓，就有写不胜写的短论选题，也会得到广大读者的真心热爱和由衷赞叹。从书中"读者来信摘编"看出，贴着百姓的短论不仅选题浩瀚，而且会与民心互动，产生同频共振效应，博得读者高度赞赏。比如"当前，新闻界像'下乡手记'这样的好文章还不多见。每一篇都带有普遍性，短小而又意丰。它像一面镜子，又是一篇好教材。每篇里面的哲理，对基层工作都非常有益。"比如"看得出，这些东西，是深入基层，经过大量的调查研究，又经过深思熟虑才写出来的。那些生动鲜活的文风、翔实而极能说明问题的事实、犀利的目光和大胆的笔触，真正是抓住了农村中的时弊和焦点。"

问题是，为什么王慧敏下乡挂职两年，能够写出那么多篇令人振聋发聩，让读者喜闻乐见的新闻短论，其根本原因就是他在"后记"中所言，当记者就要坚守替人民说话的职业品格！唯此，在新闻采访中，才会多一份清醒，多一份责任。正因为如此，读者才把最美的赞语送上：《人民日报》千万不要丢失人民味！我们喜爱下乡手记这样深入浅出、平易近人、一针见血、有骨有肉的文章，我们喜爱"王慧敏式"的贴近生活、贴近人民、贴近时代的记者或编辑。事实也说明，只要切实做到"三贴近"，无论是民意民情类选题，还是切身感受类、时事新闻类、历史事件类选题，定会势如泉涌，源源不绝。

古今比较，看新闻短论的写作诀窍

古今比较，看新闻短论的写作诀窍

　　选题，是"写什么"；作用，是"为什么"。针对新闻短论的选题和作用，以及历史性的发展问题，在前面的章节中已经作了专门的探索，那么现在就要谈谈新闻短论的写作诀窍，亦即"怎么写"的问题了。

　　短论虽小作用大，短论选题很广泛，短论写作艺术更应引起高度重视，不能因为篇幅短小而不重视写作诀窍，不能因为选题不够高大上就忽略了艺术美。古代流传下来的百十字的"豆腐块儿"短论，犹如晶莹剔透的宝石，历经千百年遴选而传诵久远，仍"屹立"于当今文选和课本之中，令人赞叹；近现代以来诸多精妙名篇短论，虽然短小却备受读者青睐，成为舆论场上不可或缺的轻型武器，十分难得。可以说，从古至今，这些精美短文里面，都具有值得深入研究的写作小窍门。

譬喻法

譬喻就是比喻，也就是俗话所说的"打比方"。即写作时，运用联想力，找出与所要描写的对象有类似特点的人、事、物来比喻说明，以明事理，这叫作譬喻修辞法。现代汉语解释说，比方就是用容易明白的甲事物来说明不容易明白的乙事物。短论中用比喻的方式来说明所要论辩的事理，以比方说的循循善诱方式，会给人以豁然开朗的顿悟。在古代，有太多的能言善辩之才，而他们的言论中也多用譬喻法、生动形象，动人心弦。比如前引叙述晏子诸多短论，其譬喻法就十分精彩。在答对景公治国何患之问时，就对以"社鼠""猛狗"，以此比喻为君主身边的不良侍从和宠宦，可谓入木三分，无比犀利。孟子也是最具善辩能力的，而其善辩的最大特点同样是善喻，往往一个恰当的比喻就能把要说的道理整得明明白白，令人心悦诚服。可以说，在《孟子》一书中，善于比喻的例子比比皆是，无论是格言式短论，还是据实而论的如当今新闻短论一样的短文，无不是比喻恰切，论证精当，语言洗练，令人耳目一新。且看《孟子·公孙丑下》：

孟子之平陆，谓其大夫曰："子之持戟之士，一日而三失伍（失职），则去之否乎？"

曰："不待三。"

古今比较，看新闻短论的写作诀窍

"然则子之失伍也亦多矣。凶年饥岁，子之民，老羸转于沟壑，壮者散而之四方者，几千人矣。"

曰："此非距心（大夫的名字）之所得为也。"

曰："今有受人之牛羊而为之牧之者，则必为之求牧与刍矣。求牧与刍而不得，则反诸其人乎？抑亦立而视其死与？"

曰："此则距心之罪也。"

他日，见于王曰："王之为都者（治理都邑的人），臣知五人焉。知其罪者惟孔距心。"为王诵之。

王曰："此则寡人之罪也。"

(《孟子》卷四)

这段文字很精彩，看起来是颇为轻松的对话，其实是篇非常精妙的新闻短论，而且是极为动人的比喻类短论。孟子到平陆去，是事实，在当时也是新闻事实，他针对平陆邑宰的行为进行严正的评判，以牧羊人的作为来比喻为官者的作为，认为如不能尽心完成替人放牧的托付，就是失职，那么为官不为也就是罪过。孟子就是通过假如接受别人牛羊而替人放牧，就应该尽心放牧，不能站着看它们死去的比喻，以如此循循善诱的方式，让平陆邑宰距心认识到自己的过错，又让齐王也幡然醒悟："凶年饥岁，子之民，老羸转于沟壑，壮者散而之四方者"，就是失职，也是为王者的罪过。这种借事说理，让执政者明白自己的责任，明白为政者必须以民为本，让老百姓过上好日子，如果做不到，做不好，就要检讨，多做批评和自我批评，否则就是不合格的邑宰和为王者，就应该引咎辞职而去。

孟子的思想涉及政治、哲学、教育和文艺思想等几个方面，而民本思想是其政治思想的核心，其"保民""养民"和"教民"是孟子提出的施行仁政的具体纲领。在他看来，"民为贵，社稷次之，君为轻"（《孟子·尽心下》），而且强调"民事不可缓"（《孟子·滕文公上》），这些无疑都是大道理，如以评论功能而论，自然应归属于社论等"老三类"之列，而用于隶属小道理的新闻短论，那就需要用小事实，讲述给像邑宰一样的基层人员能够听得懂的小事理。于是，孟子用上了比喻手法，用容易明白的替人放牧牛羊就要负责的小事理，说明一方官员就要造福一方百姓的大事理。这种善于比喻，会打比方，以小喻大的写作方法，实在是据实而论、借事喻理的新闻短论的典范。

倡导古文运动的韩愈也是短论大家，而且在新闻作品上不仅有大量内参、纪事、人物特写，更有诸多堪称短论的散文名篇，就是与今天的新闻短论相类比，也还有不少佳作，其《马说》就不失为新闻短论范本。这篇寓言杂说类文章，其实也是立意独到的短论，它提出了与一般见解相悖的观点，即人们常说："缺人才啊。"该文却振臂高呼："不缺人才，缺的是赏识人才的人！"其观点鲜明，振聋发聩，令人警醒。且看：

> 世有伯乐然后有千里马。千里马常有，而伯乐不常有；故虽有名马，祗辱于奴隶人之手，骈死于槽枥之间，不以千里称也。
>
> 马之千里者，一食或尽粟一石。食马者，不知其能千里而食也；是马也，虽有千里之能，食不饱，力不足，才美不外见，且欲与常马等，不可得，安求其能千里也！
>
> 策之不以其道，食之不能尽其材，鸣之而不能通其意，执策而临之曰："天下无马！"呜呼！其真无马邪？其真不知马也！
>
> （《韩昌黎文集校注》杂说四）

古今比较，看新闻短论的写作诀窍

说它是新闻短论并非牵强附会，新闻短论是依据新闻事实而引发的议论，而后借事明理，再以理服人，其特点是有事实，有论说，具体问题具体分析，不仅观点客观鲜明，而且文章短小精悍，言之有物。以平常事，论非常理，有叙有议，写法新颖别致，不落俗套，往往给人以意想不到的效果。《马说》就达到了新闻短论所特有的求短、求实、求深、求新的精妙特点。不妨细加分析一下，"虽有名马，祇辱于奴隶人之手，骈死于槽枥之间，不以千里称"，算得上新闻事实，然后围绕名马之死，辩证论说，夹叙夹议，说明名马不能被赏识，得不到应有待遇，即使不死于槽枥之间，也不能发挥出名马效能。最后再亮明观点，"其真无马邪？其真不知马也！"韩愈通篇用比喻说理，以形象思维来描述千里马的遭遇，喻理于事实之中，省却了讲大道理的笔墨，体现了一唱三叹的美妙意境。此短论的特点就是从正面提出问题，从反面展开议论，最后点出识才、用才、更要爱才这一观点的深远历史意义，以及深刻的现实意义。

短论运用比喻讲明道理，既省笔墨，又能让读者顿然醒悟，这样的例子不仅在古代短论名篇中屡见不鲜，在《之江新语》中，也是随处可见，还有《下乡手记》也是如此，无论是其中篇幅为千字文上下的"下乡手记""热点感言"，还是在篇幅短小的"编余杂识"中，一些仅有三五百字不等的短章中，许多篇什都是巧用比喻笔法，使事理不言自明，令人拍案击节。不妨以例说明，且看摘录如下：

抓落实如敲钉子

抓落实是领导工作的一个基本环节，也是各级领导干部的一项重要职责。决策部署作出以后，对广大干部特别是基层干部来说，最重要的莫过于求真务实、狠抓落实。但在实际工作中也有的往往出现抓不具体、抓不到位、抓不出实效的情况。归根结底，这是欠缺"真抓"的工作作风和"会抓"的本领办法。

抓落实就好比在墙上敲钉子：钉不到点子上，钉子要打歪；钉到了点子上，只钉一两下，钉子会掉下来；钉个三四下，过不久钉子仍然会松动；只有连钉七八下，这颗钉子才能牢固。这就说明，抓落实首先要抓到点上、以点带面。要盯住事关全局的重点工作，把力量凝聚到点上，着力解决涉及全局的突出问题，以点带面，推动全局，避免"撒胡椒面"式地这里抓一下，那里敲一点，浅尝辄止、朝三暮四。其次，要一抓到底，常抓不懈。要一步一个脚印，步步为营，有板有眼，深入而持续地抓好落实，而不能满足于会议开过了，文件发过了，嘴上讲过了。同时，抓落实还要结合实际，因地制宜。这就好比敲钉子也不能光凭着一股蛮劲，逢墙乱钉，碰到容易脱落或者开裂的墙面时，还要想办法修补墙面，打好敲钉子的基础。抓落实也要根据本地本单位的实际加以贯彻落实，而不是依葫芦画瓢、搞照搬照套。总之，抓落实，就要有"咬定青山不放松"的韧劲、不达目的不罢休的狠劲，真正把各项工作落到实处、抓出实效。

（《浙江日报》2006年12月6日，此文引自《之江新语》）

别再干"生态搬家"这样的蠢事

因抢夺有限的水资源，人工绿洲与天然绿洲两败俱伤。来自新疆的这篇报道看后让人揪心。

你瞧，塔河流域的这个县，30多年共营造了人工绿洲27万亩，可与此同时，河流下游的天然绿洲也有20多万亩严重沙化。最让人痛心的是，好不容易营造起来的人工绿洲，随着天然绿洲的丧失，也在一步步缩小。究其原因，是人工绿洲占用了天然绿洲过多的水量。

道理很简单：一个馒头刚够张三一个人吃，你非要把它掰一半给李四，张三能不饿吗？张三、李四都没有吃饱，那你不是两头不讨好嘛！

天然绿洲是经过大自然千万年的磨砺保留下来的，对抵御沙漠侵袭具有不可替代的作用。如果天然绿洲不能保持适当的面积，那么，人工绿洲也将不能持久，这是一个不可违抗的自然规律。

塔里木河流域的历史发展中，诸如楼兰古国的衰亡、塔克拉玛干沙漠腹地很多城堡成为遗迹，都是这一自然规律的见证。因此，我们在向沙漠进军时，一定要对水资源进行综合考量，仔细权衡水的承载力。不顾水的承载力，盲目扩大人工绿洲面积，最终只能是从终点又回到起点。

（《人民日报》2003年1月26日，此文引自《下乡手记》）

在上述两例短论中，以比喻手法凸显事理的效果更为非同凡响。在领导工作中，谁都明白抓落实的重要性，但如果就落实而论落实，再强调也高明不到哪里去，而用敲钉子来比喻，似乎一下子就说明了抓落实的深刻道理。不仅如此，通过敲钉子的形象比喻，还讲透彻了抓落实的辩证法和方法论，既要重视以点带面，又要讲究科学方法，持之以恒，还要注重因地制宜，结合实际，如此"咬定青山不放松"，才能落到实处，抓出成效。小小比喻中，蕴含大道理，反复强调不如譬如一下来得轻松。在古代，晏子、孟子善辩，往往也是善在譬喻上。同样的，论证"生态搬家"危害之理，也是通过一个馒头的妙喻，说明"如果天然绿洲不能保持适当的面积，那么，人工绿洲也将不能持久"的深刻道理，从而向盲目开发敲响了警钟。在这里，如果不是巧妙地运用上善比喻的诀窍，恐怕在水资源承载力的论证上再努力，也很难达到明理醒世的效果。

在过去的新闻岁月里，笔者也写过许多新闻短论，有些就是借助妙喻，晓以事理，颇得好评的。比如《多走一点"冷门"》，那时正值春节期间，笔者到山西任驻地记者也才一年，深知在太行、吕梁山区农村，还有太多的贫困群众，省里要求各级干部在送温暖活动中，少做表面文章，多点雪中送炭，走基层要多走一点"冷门"。笔者对此大为赞赏，于是有感而发，写了篇"今日谈"，围绕"冷门"生发开来，由走"冷门"想到众多需要帮助的对象，想到城乡困难群众，一个走"冷门"的妙喻，激发了笔者泉涌般的文思，想到好事要办好，切忌走过场，疾呼"冷门"要靠真心去暖热。且看：

> 春节期间，山西大批干部下基层送温暖。省委领导要求各级干部多一点雪中送炭，多走一点"冷门"，真正把党和政府的温暖送到最困难的群众手中。
>
> 多走一点"冷门"，就是把温暖送到重灾区、特困户那里，让他们过一个祥和的节日。老天无常，水旱难料；人吃五谷，疾病常有；市场无情，企业不旺。种种灾祸造成了城乡困难群体。他们最需要得到社会救助，最渴望得到党和政府的温暖。我们当然应该把钱和物送到最急需的地方，帮助特困群众渡过难关。

> 办好这件事也不容易。一是要认真，不能马马虎虎，满足于"送出去就行了"。二是要调查，细到每个家庭、每个环节。三是要热情，送钱送物还要送上热乎乎的话语。四是要扎实，不能走过场，做到解决一户难，温暖众人心。
>
> （《人民日报》2002年2月15日）

殊不知，譬喻利于明理，亦利于焕发作者写好新闻短论的热情，一个好比喻能够验证一个好事理，一个好比喻也能够激发作者写出好短论。正是靠着对妙喻的敏感，笔者曾经写过不少令自己都激动不已的小短论，仅"心"字篇就有好几篇，比如《"向下"就是向民心》《关键要有"心"》《靠"薪"更靠"心"》等，其妙喻之法既体现在标题上，又活跃在短论中。特别是《靠"薪"更靠"心"》（《人民日报》2010年6月18日）新闻短论，更以譬喻法将企业人文建设说得精辟透彻。那时，正值某大型外企发生职工连续跳楼风波，论理说，该企业薪水也不低，却为何不断发生如此惨剧呢？一次，笔者在采访中惊喜地发现，安徽皖北煤电集团所属祁东煤矿本应是黑黢黢的矿区，却处处洋溢着以人为本的氛围和企业文化的芬芳，企业处处为职工着想，职工更把企业当成家，由此，笔者有感而发，借用经济学家对"企"字的妙喻，即"人"在为"企"，"人"去则为"止"，辩证说明职工与企业的血肉联系，真切地道出"企"要"人"在，靠"薪"更靠"心"的发展真谛。可以说，从外到内的譬喻让短论陡然增色，活力满满。

对比法

对比说理，最鲜明有力。对比，也称对照，指的是把两个相反、相对的事物或同事物相反、相对的两个方面放在一起，用比较的方式，辨别异同或高下。对比可以辨高低，知对错，看程度，晓差别，许多道理会在对比对照中，鲜明地揭示出来，给人以深刻的启迪。比较与比喻有所不同，比喻是相对温和的说理方式，而比较则显得相对尖锐，往往是对不容置辩的事理，在对比对照中让人分出好坏，辨清是非，具有极强的感染力和说服力。在先秦诸子之中素以"善辩"著称的孟子，既善于用比喻说理，又善于对比，继而在鲜明的对比对照中，形成以理服人的强大气势。《孟子·梁惠王下》就是一例：

齐宣王问曰："文王之囿方七十里，有诸？"

孟子对曰："于传有之。"

曰："若是其大乎！"

曰："民犹以为小也。"

曰："寡人之囿方四十里，民犹以为大，何也？"

曰："文王之囿方七十里，刍荛者往焉，雉兔者往焉，与民同之。民以为小，不亦宜乎？臣始至于境，问国之大禁，然后敢入。臣闻郊关之内，有囿方四十里，杀其麋鹿者，如杀人之罪。则是

古今比较，看新闻短论的写作诀窍

方四十里为阱于国中。民以为大，不亦宜乎？

（《孟子》卷二）

前面说过，孟子的思想核心是推行仁政，其主要内容包括反对攻伐，发展生产，减轻刑罚赋敛，使老百姓过上丰衣足食的生活，在此基础上以孝悌之义教化百姓。为了推行仁政，他四处游说，既有格言式经典语言，又有据实而议的短论，其中不乏就事论事的思想剖析，常常依据刚刚发生的事实，利用对比方式，将深刻道理传递给对方，此处引述的关于文王之囿大与小的论辩，就是典型的对比说理法。齐宣王以文献上记载的事实向孟子提出疑问，为什么周文王的园林纵横七十里，老百姓还以为小，而自己的园林纵横四十里，老百姓还以为大？在这里，要解释清其中的原因，就得以理服人。首先要选择好大与小、好与坏的标准，孟子选择的标准是民，大与小就看是否与民同之，君主能与民同之，再大一点也不让人觉得大，不能与民同之，再小老百姓也会以为大。文王的园林，割草砍柴的可以去，捕鸟打兔子可以去，与百姓共享；齐宣王园林虽然面积小于文王园林，却不准老百姓自由行动，还有种种禁令，闹不好要掉脑袋，那就让老百姓觉得园林是个大陷阱，自然觉得太大了。如此一对比，道理不辩自明，齐宣王的脑瓜再蠢笨，恐怕也会悄然洞开。在新闻短论中，有些需要对照说理的地方，如果巧妙地来上点对比方法，岂不有利于事理的论证吗？

在对比对照中言明事理的典范之作，还要数古文运动的领袖韩愈，他不仅言君主之是非，"发言真率，无所畏避"，还敢于突破社会上的流俗之见，对世事痛加评说，在对比对照中，将歪理邪说批驳得体无完肤,而且辩证地言明自己的观点,给人以明白无误的判断,《崔山君传》就是一个范例。

　　谈生之为《崔山君传》,称鹤言者,岂不怪哉!然吾观于人,其能尽其性而不类于禽兽异物者希矣。将愤世嫉邪,长往而不来者之所为乎?

　　昔之圣者,其首有若牛者,其形有若蛇者,其喙有若鸟者,其貌有若蒙倛者:彼皆貌似而心不同焉,可谓之非人邪?即有平肋曼肤,颜如渥丹,美而很者,貌则人,其心则禽兽,又恶可谓之人邪?然则观貌之是非,不若论其心与其行事之可否为不失也。怪神之事,孔子之徒不言。余将特取其愤世嫉邪而作之,故题之云尔。

(《韩昌黎文集校注》杂说三)

　　韩愈先是援引谈氏所写《崔山君传》之说,认为那些声称自己如仙鹤般长寿能知往事的人,实在太荒谬了。这是短论据实而议的显著特征。然后亮明观点,即据自己观察,能够尽到人的本性而不像禽兽那样的人太少了。接下来就是鲜明对比:昔时的圣人们,有的头像牛,有的身体像蛇,有的嘴巴像鸟,还有的面貌像蒙倛那样方而且丑陋,但是他们仅仅是与那些野兽外貌相似,而本性却是圣人之德,能够说他们不是人吗?而现实中有的人身材丰满,皮肤细嫩滑泽,面色红润有如朱砂,美丽非凡,他们的外表是人,而本性却像禽兽一般,那么是否还能够把他们称作人呢?如此一对比对照,何为人与禽兽,也就不难判定了。韩愈不光在极为短小的篇章里,辩证分析了人与禽兽之别,而且鲜明地提出自己的观点,即以貌取人,不如观其言察其行来得正确。如此看来,《崔山君传》既是抒情散文,又属论辩性小品文,不仅短小精悍,寓意深刻,而且说理透彻,逻辑性强,一针见血地指出:识人需辩证分析外貌和内在的关系,切不可以貌取人,而应观其言察其行,从实际行动中去评价才不会有所闪失。这不仅对于当时社会有着重要意义,就是在如今,依然有着借鉴作用,充分体现了韩愈文以载道的古文主张,也给新闻短论写作提供了对比对照上的经典范文。

  善用比较,在新闻短论说理上,往往会起到简洁而又清晰的效果。特别是一些特定的语言比较,意思相反而句式相近的语言比较,几句话,一两个段落,就可以激发起议论之势,进而鲜明地亮出观点,不说振聋发聩吧,也会令人沉思。就说拙作"人民论坛"《岂能如此"亮牌"》,就是在意思相反、句式相近的比较中显示出特定效果的。所谓"亮牌",原是打牌的术语,在这里指亮明身份的意思,同样亮明身份,"我是……"的句式相同,但意思却完全相反,就衬托出了大为不同的含义,更让"亮牌"带有了殊为深刻的事理。且看:

  生活中,总有一些场合需要"亮牌"。

  "我是警察!"执法现场,警察亮明身份,既是对犯罪嫌疑人的一种震慑,也是提请当事人监督自己的执法行为。

  "我是医生!"灾祸突发,医生亮明身份,是要以专业的权威,安抚众人的情绪,组织有序的抢救。

  "我是党员!"危急关头,党员亮明身份,为的是以自己做标杆,号召群众向自己看齐,带领群众冲锋陷阵。

这些高调的"亮牌",将亮牌者置于责任的重担之下,用行动捍卫身份的荣誉和尊严,也以身份考验自己、约束自己。

可是,一种另类的"亮牌"近来时有所闻。

"我是局长!"兰州市某区一旅游局长撞倒路人发生冲突,拿出方向盘锁威吓对方:"你知道我是谁吗?""我是领导!"马鞍山市一名干部开车剐蹭中学生后不仅不道歉,还掴人耳光,结果引发众怒,被拘留免职。

如此"亮牌",张扬亮牌者的骄横,凸显与身份极其不符的修养和素质,等待他们的,自然是"黄牌"警告甚至"红牌"罚下。然而,仅仅是谴责和惩罚,恐怕还无助于剖析这些有违常理事件的心理根源和制度背景,不足以彻底遏制亮牌者以势压人的本能冲动。需要思考的是,究竟是什么给了他们如此凌人的盛气?

毫无疑问,是权力。更准确地讲,是长期缺少制约的权力所带来的幻觉。

与自然界的物竞天择不同,在一个成熟的社会中,权力的获取通常都是程序和规则的产物。走上某一个岗位、获得某一种身份,固然意味着掌握了支配一定资源的权限,拥有了影响相当数量人群的力量,但权力的获取必定是有前提的。对警察来讲,有制服犯罪的权力,但没有滥用警力的权力;对医生来讲,有救死扶伤的权力,但没有决定生死的权力;对领导干部来讲,有为群众服务的权力,但没有损公肥私、颐指气使的权力。破坏了这些规则和前提,权力就理应被剥夺。

现在的问题是,在一些时候或一些地方,对权力的监督和约束失之于软、失之于松。久而久之,权力拥有者渐渐忘记了规则和契约，把手中小小的权力视作通行天下的"尚方宝剑"。于是，优越感油然而生，权势心无限膨胀，"我是领导""我是局长"之类的断喝也就成为他们"回避""肃静"的开路牌。

当然，要说这些人昏聩狂妄到敢于在自己的上司面前这样"亮牌"，那倒还不至于。因为在他们眼里，自己的权力是上级赋予的。也恰因如此，他们的温良恭俭让都留给了"上面"，而展示在群众面前的，才是被权力腐蚀后的真相。

社会主义中国，一切权力属于人民，一切权力服务于人民，这是毋庸置疑的。领导干部能不能"为官一任、造福一方"，是否做到了"权为民所用、情为民所系、利为民所谋"，这个亮牌打分的权力，其实是在那些被兰州某局长撞倒的路人和被马鞍山某领导蹭伤的群众手里。只有把这张"王牌"高高举起、重重落下，那些自不量力的某局长和某领导，才会识趣地收起自己的霸气，不再敢闹"我是领导"的笑话。

（《人民日报》2010年7月20日）

由于巧妙地用上了特别鲜明的对比方式，在新闻短论中，就让不同的"亮牌"有了令人议论的冲动，不用说，短论一开始列举的亮牌都是正面的，充满了责任和担当，之后列举的"亮牌"则是反面的，全都充满了骄横和傲慢，是和所亮身份完全不相当的"亮牌"。这样的对比法，就让短论有了论辩的因由，即为什么要"亮牌"，"亮牌"为了什么，更深层的问题还有，对于那些胡作非为的"亮牌"，谁给了他们"亮牌"的权利，用什么来制约那些不合时宜的"亮牌"。短论在做了充分的辩证议论之后，结尾处给予了铿锵有力的结论，那就是把"亮牌打分"的权利还给人民,让制度保障打分的权威性,才能真正让反面亮牌者无地自容,使正面亮牌者无上荣光。在用好对比对照说理之法上,笔者还有"人民论坛"稿《知让谓之有德》(《人民日报》2015年7月16日)、《不吃苦会吃亏》(《人民日报》2013年2月4日)等,以及"采访随想"《毒疮,形象与生命》(《人民日报》1996年5月11日)、《农民卖水的启示》(《人民日报》1998年5月26日)、《向数字造假者开刀》(《人民日报》1998年3月17日)等,大到千字文,小到三四百字不等,无不是对比显威力,对照亮观点,其文妙趣生,其理自然明。

拉呱法

拉呱，拉家常，东北话叫唠嗑，也叫讲故事，以故事引入，通过故事的讲述言明道理，这也是新闻短论不可或缺的好办法。拉呱式新闻短论，可以是以故事引入而论，也可以是通篇都是故事，其理就在故事之中，故事说完了，道理自然明。因而在拉呱式新闻短论中，对故事的选择就特别讲究。这个故事跟通常所说的故事不同，它是为说理服务的，不能仅凭故事性而论；这个故事与人物、纪事、特写中的故事也有不同，它不是写活通讯特写中的辅助性角色，而是对事理有所洞察，又用说理性方式把材料组织起来，让读者受众通过故事对人物及其事件等，产生新的事理上的深刻理解。

孟子在短论中，特别是在据实性短论，亦即如新闻性短论中，既是比喻性短论高手，也是比较性短论高手，还是用拉呱法进行论证的高手。在拉呱法的短论中，既有以故事引入的短论，也有全是讲故事的短论，故事引入的短论以论证为主，故事只是服务于短论，故事使短论更精彩，短论因故事而更深刻；而全是讲故事的短论，则通篇都是故事，故事讲完了，道理也自然明了，而且会引起读者受众在深深的反思中愈加彻悟。这里不妨摘录两则来看：

其一：

孟子曰："天下大悦而将归己，视天下悦而归己，犹草芥也，惟舜为然。不得乎亲，不可以为人。不顺乎亲，不可以为子。舜尽事亲之道而瞽瞍厎豫，瞽瞍厎豫而天下化，瞽瞍厎豫而天下之为父子者定，此之谓大孝。"

（《孟子》离娄上）

其二：

逢蒙学射于羿，尽羿之道，思天下惟羿为愈己，于是杀羿。孟子曰："是亦羿有罪焉。"

公明仪曰："宜若无罪焉。"

曰："薄乎云尔，恶得无罪？郑人使子濯孺子侵卫，卫使庾公之斯追之。子濯孺子曰：'今日我疾作，不可以执弓，吾死矣夫！'问其仆曰：'追我者谁也？'其仆曰：'庾公之斯也。'曰：'吾生矣。'其仆曰：'庾公之斯，卫之善射者也。夫子曰吾生，何谓也？'曰：'庾公之斯学射于尹公之他，尹公之他学射于我。夫尹公之他，端人也，其取友必端矣。'庾公之斯至，曰：'夫子何为不执弓？'曰：'今日我疾作，不可以执弓。'曰：'小人学射于尹公之他，尹公之他学射于夫子。我不忍以夫子之道反害夫子。虽然，今日之事，君事也，我不敢废。'抽矢，扣轮，去其金，发乘矢而后反。"

（《孟子》离娄下）

在上一则短论中，孝为大道，是主题，孟子在论及何为大孝时，举了舜尽事亲瞽瞍使之高兴的例子，说明孝的意义，其实舜与父亲瞽瞍是有故事的,其故事更是此短论具有说服力的含义所在。《孟子·万章上》讲到舜与其父及弟不和的故事,即万章告诉孟子:"父母使舜完廪,捐阶,瞽瞍焚廪。使浚井,出,从而掩之。"而舜的弟弟象则说,谋害舜都是他的功劳,牛羊和仓廪可以归父母,干戈、琴和舜弓以及两位嫂嫂要归自己,岂不知舜躲过了父亲和弟弟的谋杀,却为弟弟谋了职位,又千方百计要取得父亲的欢心。为什么会如此呢?《孟子·万章上》中也给予回答,即"惟顺于父母可以解忧""大孝终身慕父母"。因此舜把孝顺父母、使父母开心看得比平治天下更重要,他是要为天下人树立榜样,以孝治天下,达到孝化民俗的作用。如此以故事说理,不仅说出了孝的重要,更言明了榜样的重要,而更深层次的意义则是,如果舜不如此,而像夏桀、商纣王一样,残暴无亲,那天下又岂会归顺于他,又怎能得到圣人的美名呢?

接下来的短论则纯粹是故事型短论,用拉呱法,故事拉完了,道理也就寓于故事之中了。此篇短论的观点很明确,即"端人也,其取友必端",正派的人,其交友也是正派的,而反过来说,不正派的人,也会交上不正派的朋友,最终只会害了自己。短论开篇就是反面例子,不正派的羿交了不正派的逄蒙,当逄蒙完全掌握了羿的本领而又超过他时,就杀了羿。孟子认为这其实是羿的罪过,是他不识人害了自己。为此,孟子讲了如上故事,故事中有五个人物,相互之间的交往充满了故事性,非常吸引人,也非常能够说明交友的重要性,在过去和现在都值得警醒。这种用故事说理的做法,也是今日新闻短论故事性说理的模板。

以故事明理的短论,在唐宋八大家的名篇中也有很多,柳宗元的几则著名寓言故事就是故事性短论名篇。寓言是一种文学体裁,与非虚构性的新闻当然不是一回事,但其故事性,以及借故事说明道理,却是相通的。寓言的短小、语言的简练、主题的深刻等，也是新闻短论所要追求的。柳宗元写了大量政论、哲学及议论为主的杂文，还继承和发展庄子、韩非子、列子等传统，写了不少寓言式短论，多用来讽刺抨击当时社会丑恶现象，以寄寓哲理，表达政见，其代表作有《三戒》《传》《罴说》等，其中《三戒》包括《临江之麋》《黔之驴》《永某氏之鼠》三则寓言，是作者寓言作品中最有代表性的篇章，它们短小警策，寓意深远，具有深刻的社会意义和强烈的战斗性，充分反映了古文运动所倡导的"文者以明道"主张。最可贵的是在短小的篇章中，将理论说得含蕴深刻，令人沉思。且看《黔之驴》是如何借物喻理的：

> 黔无驴，有好事者船载以入。至则无可用，放之山下。虎见之，庞然大物也，以为神，蔽林间窥之。稍出近之，慭慭然，莫相知。
>
> 他日，驴一鸣，虎大骇，远遁，以为且噬己也，甚恐。然往来视之，觉无异能者；益习其声，又近出前后，终不敢搏。稍近，益狎，荡倚冲冒。驴不胜怒，蹄之。虎因喜，计之曰："技止此耳！"因跳踉大㘎，断其喉，尽其肉，乃去。
>
> 噫！形之庞也类有德，声之宏也类有能，向不出其技，虎虽猛，疑畏卒不敢取。今若是焉，悲夫！

（《古文鉴赏辞典》）

《黔之驴》是《三戒》中的一则寓言，文章开头有一段序，也就是本著前面所述的"编者按"，或"写在前面的话"，是说明作者写作意图的。序言说："吾恒恶世之人不知推己之本，而乘物以逞，或依势以干非其类,出技以怒强,窃时以肆暴,然卒迫于祸,有客谈麋、驴、鼠三物,似其事,作《三戒》。"其序也是短论,论点即是"世之人不知推己之本",作者为之而有感而发,作了三篇寓言,无情地讽刺和鞭挞了封建统治阶级的人情世态,表现了作者鲜明的政治主张。所谓推己之本,就是考虑自己的实际能力,亦即自己的修养道行。对此,孟子曾有言称之为"反求诸己",对个人能力而言,关键在于通过反省和修养,行其仁,增其智,诚其敬,总之是:"行有不得者皆反求诸己,其身正而天下归之(《孟子·离娄上》)。"柳宗元和韩愈一样倡导古文要"文以载道""文以明道",其《黔之驴》等寓言,就揭露了中唐时期横行一时的官宦权贵及其爪牙,貌似"庞然大物",实则是"黔驴之技",终被老虎视之为"无异能者",而后"跳踉大㘎,断其喉,尽其肉"。文章结尾再次对驴的"形之宠"和"声之宏",而"至则无可用"表示极大的讽刺和鄙视,认为统治者不能"反求诸己",不知"推己之本,而乘物以逞",最终必失天下,落得个可悲下场。这种以寓言故事论证事理的做法,亦不失为新闻短论的可取诀窍。

　　以故事引入的新闻短论,和完全呈现讲故事的新闻短论,在《之江新语》和《下乡手记》中也不乏名篇,细读两部新闻短论集,确有诸多可圈可点的拉呱式短论篇章。什么是故事?故事由情节组成,是通过叙述的方式讲一个带有寓意性的事件,或是陈述一件往事,记忆和传播一定社会文化传统和价值观念。在新闻短论中,哪怕是引入性故事,也是有着叙述的技巧,并蕴含着巧妙的寓意,会对短论铺垫下顺势而为的论证之势。《之江新语》中的《一切为民者,则民向往之》就是以故事引入的新闻短论,所依据的新闻事实是,浙江省永嘉县山坑乡后九降村党支部书记郑九万因为村里的事业操劳过度,突发脑血管破裂生命垂危。村民们翻箱倒柜，一天内竟凑了6万余元手术费。郑九万通过两次手术而得以康复。后来，《人民日报》以《村支书病危后》为题报道郑九万的事迹，浙江全省掀起学习先进热潮，此短论由此有感而发，先是以简短而感人的故事开篇，进而精彩议论，引出了《管子》中经典语言点亮了主题，也有了好的标题，自然而然地得出令人心悦诚服的结论，即必须"真正为人民掌好权、执好政"。且看短论如下：

一切为民者，则民向往之

一个偏僻的小村庄，因为他们的支部书记生病了，一天之内村民自发筹集了数万元手术费为他治病，村民们说"就是讨饭了也要救他"。当地就有一些干部不由得发出了"假如我病倒了，会有多少村民来救我"这样的感慨！郑九万所做的一切都体现在了村民的回报上，是老百姓心中那杆秤称出了一名基层党员干部的分量。他以自己的实际行动，深刻揭示了"老百姓在干部心中的分量有多重、干部在老百姓心中的分量就有多重"的丰富内涵。这就是我们树立郑九万这个先进典型的意义所在。

古人说："一切为民者，则民向往之。"可以说，郑九万这种"精神"体现的就是党的为民宗旨，郑九万这个"典型"体现的就是共产党员的先进性，郑九万这个"现象"体现的就是人心向背的问题。

"郑九万现象"说明，一个党员干部只要心里装着群众，真心实意地为人民群众做好事、办实事、解难事，人民群众就惦记他、信任他、支持他；同样地，一个政党，只有顺民意、得民心、为民谋利,才能得到人民群众的拥护和支持,才能永远立于不败之地。作为执政党,党员干部与人民群众的关系就是公仆与主人的关系。离开了人民,我们将一无所有、一事无成;背离了人民的利益,我们这些公仆就会被历史所淘汰。所以,共产党人一定要坚持权为民所用、情为民所系、利为民所谋,真正为人民掌好权、执好政。

(《浙江日报》2006年7月24日,此文引自《之江新语》)

《下乡手记》中也有着太多的以故事明理的篇章,比如《那个喝"天水"的小山村》《纵情发展孩子的天性》等。前者不仅讲了一个故事,多少年依旧忘不了的那个喝"天水"的小山村,暑假里应约到大学同学的甘肃定西家里玩,因为天旱,那里家家水窖见了底,矿坑里的积水也见了底,人们排了长队等着岩缝里慢慢渗出的水,这水含矿物质高,喝到嘴里又苦又涩,后来矿坑里的水也彻底干了,只有靠县政府每隔一个礼拜从百里之外送一次水。作者担心这些村庄还能存在吗?然后荡开笔墨,说起了到嘉峪关采访旅游见到的情景,由于过量开采地下水,沙漠大举东进……接着还说了黄河断流的故事,接连三个故事,说的是一个话题,即破坏生态必遭惩罚。最后得出一个无可争议的结论——珍惜水资源,也正是珍惜爱护我们人类自己!这样以讲故事的方式,论证保护环境的道理,不是比大段大段的论说都深入人心吗?后面一篇几乎用了一半以上的篇幅讲了生物学家的一个实验,一群老鼠经过训练可以找到甜美的奶酪,但反复地改变实验方式,强迫动物不断改变行为动作,在它们应变不过来的时候,就会遭到坚决拒绝,甚至以自戕来抗拒。作者由此议论开去,想到人也是如此,特别是许多孩子出现"问题",其根源就在于大人们常常用自己的意志左右孩子,而后用教育学家的话给出结论:只有纵情发展孩子的天性,才能培养出大胆创新、勇敢质疑的头脑。这个道理,其实也只有读过这个触目惊心的故事性短论,才能让更多的家长明白!此不更证明了用故事强化新闻短论说理的重要?

在新闻短论方面,笔者也曾尝试着写过故事性短论,而且还觉得挺惬意、挺过瘾,因为叙述故事需要技巧,而道理如何展现,就颇有点儿玩游戏一般,那种随性而为、恰到好处的喻理于故事中的感觉真的好美。也许是太过自我欣赏了,不妨先来看看两篇拙作"今日谈"。

搬家搬出新风气

9月2日是个周末,也是安徽宿州市委、市政府机关搬家的日子。没有仪式,没有鞭炮,没有花篮。各个单位或找搬家公司,或自己动手,干净利索地从老地方搬进新区,第二天就正常办公了。

市里规定,搬到新的办公区,每个公务员分别补助不多的钱用于添置办公用品,不提倡统一配置,不提倡整齐统一,能用的要用起来。笔者看到,新办公楼里井然有序,不少办公室里有色彩、款式各异的办公用品,但都摆放得整整齐齐,擦得干干净净。

搬到新"家"干部高兴,搬新家的做法群众满意。大家说,这种搬家像个过日子的样子,这种作风像个领导机关的样子。

(《人民日报》2006年9月9日)

键对键　岂如面对面

出差到浙江安吉，有朋友力荐，说一家面馆不错。抽空去了一趟，果然名副其实。面煮得雪白精致，羊杂更是有滋有味。解馋之外，更有意外收获。

这家店门面不大，也不在闹市，夫妻俩经营，干干净净。墙面没有花花绿绿的贴画广告，却有一句可爱的话，让人眼睛一亮：此店无 Wi-Fi，跟你周围的人说说话吧！同行的几位朋友相视一笑，面有会意，真的就没谁掏出手机。要是平常，恐怕难免会低头一片，各自为战了。再看其他桌面食客，真也是相互私语，和谐亲密。

人是需要交流的，交流又需要温馨的环境。如今的网络，给了人际间极其方便的沟通渠道，却少了面对面富有温度的思想碰撞。而在这家小店里，客人享受美味的同时，又多了店里文化熏陶、多了人际温暖，实在难能可贵。一句善意提醒，堪称"最美小店铭"。古人云，道人善，即是善；人知之，愈思勉。即便只是小小一语，也收到了意想不到的美好效果，唤起人们久违的交流欲望，可谓善莫大焉。

（《人民日报》2014 年 12 月 18 日）

不难看出，第一篇是完全故事型的新闻短论，第二篇则是在讲故事的基础上，巧妙地加以论证，是故事性的尽情叙述，让理渗透于有血有肉的故事里，给人的感觉是不是有一种挺惬意的悦读美感呢？其实，短论就是短论，论与不论，讲故事的目的很明确，都是为了明明白白告诉读者受众一些道理。第一篇有点像特写故事，不过，也只是像而已，特写故事是要有人的，而此篇叙述中只有明摆着的理：一是说机关搬家要自己动手，这跟毛泽东同志提出的自己动手、丰衣足食的道理相吻合；二是办公用品不统一配置，能用的还要用起来，还特地写到笔者所见色彩、款式各异的情景，其实就体现了艰苦奋斗、勤俭节约的精神。故事讲完了，道理也更明白了："这种搬家像个过日子的样子，这种作风像个领导机关的样子。"此番故事一讲，让新闻短论真比说上一大通道理更有说服力。

　　第二篇一半是讲故事，一半是讲道理，因为是平常生活类见闻，故事叙述得也就特生活化，全是茶余饭后聊天式的，但故事是为道理服务的，叙述中点出的话题是，店里故意没装 Wi-Fi，提醒大家别当低头族，多跟周围人说说话吧。笔者对此特感兴趣，也特别能够理解小店主人的善意，因此有感而发写了此篇新闻短论，呼唤全社会多些如此温馨的环境，唤起人们久违的交流欲望，促进社会和谐发展，果如此，真是善莫大焉。其实，生活中有太多值得议论的话题，多做有心人，定有写不完的新闻短论，期待有更多令人喜闻乐见的拉呱式新闻短论作品问世。

实例法

论证说理有许多行之有效的办法，譬喻法、对比法、拉呱法都是，此处要说的实例法也是论证说理的好办法。实例法，就是摆事实，讲道理。实例与举例有所不同，举例指列举有代表性的例子，而此处所说的实例指的是事实，事实指的是事情的真实情形，而情形是事物的内在状况及其表现出来的样子，是活生生的实例，而非通常所说的例子。所以，此处所说实例法，是拿活的事实作为论证依据，在新闻短论的论证中去生动地阐明论点，而不是简单地说明自己的观点。正如于宁、李德民在《怎样写新闻评论》中所说，有些论点要靠事实去论证，善于摆出事实，可以使看起来相当复杂的问题简单化，使抽象的观点具体化。他们的这一说法，对于新闻短论而言同样有很强的指导性。事实是评论的论据，也是短论不可或缺的依据，让事实说话，往往比一大堆道理都管用。对于事实的运用，两位评论大家指出，一般来说，为了说明一个论点，摆出一两个有说服力的事实就够了。但是，在某些情况下，为了说明一个论点，需要把所有有关的重要事实都摆出来。当然这是对社论等"老三类"新闻评论而言，对于一事一议的新闻短论，则不需要拉开架子，摆出所有事实，少则一个，多则两三个简要事实，也就足以言明事理了。古往今来，摆事实，讲道理的短论莫不如此。且看《孟子》中以下三篇据实而论的短论，就很有代表性：

其一：

　　邹与鲁哄（交战）。穆公问曰："吾有司死者三十三人，而民莫之死也。诛之，则不可胜诛；不诛，则疾视其长上之死而不救，如之何则可也？"

　　孟子对曰："凶年饥岁，君之民老弱转乎沟壑，壮者散而之四方者，几千人矣；而君之仓廪实，府库充，有司莫以告，是上慢而残下也。曾子曰：'戒之戒之！出乎尔者，反乎尔者也。'夫民今而后得反之也。君无尤焉！君行仁政，斯民亲其上，死其长矣。"

　　　　　　　　　　　　　　　　　　　　　（《孟子》梁惠王下）

其二：

　　孟子曰："伯夷辟纣，居北海之滨，闻文王作，兴曰：'盍归乎来？吾闻西伯善养老者。'太公辟纣，居东海之滨，闻文王作，兴曰：'盍归乎来？吾闻西伯善养老者。'天下有善养老，则仁人以为己归矣。五亩之宅，树墙下以桑，匹妇蚕之，则老者足以衣帛矣。五母鸡，二母彘，无失其时，老者足以无失肉矣。百亩之田，匹夫耕之，八口之家足以无饥矣。所谓西伯善养老者，制其田里，教之树畜，导其妻子使养其老。五十非帛不暖，七十非肉不饱。不暖不饱，谓之冻馁。文王之民无冻馁之老者，此之谓也。"

　　　　　　　　　　　　　　　　　　　　　（《孟子》尽心上）

其三：

万章曰:"尧以天下与舜,有诸?"

孟子曰:"否。天子不能以天下与人。"

"然则舜有天下也,孰与之?"

曰:"天与之。"

"天与之者,谆谆然命之乎?"

曰:"否。天不言,以行与事示之而已矣。"

曰:"以行与事示之者,如之何?"

曰:"天子能荐人于天,不能使天与之天下。诸侯能荐人于天子,不能使天子与之诸侯。大夫能荐人于诸侯,不能使诸侯与之大夫。昔者,尧荐舜于天而天受之,暴之于民而民受之。故曰,天不言,以行与事示之而已矣。"

曰:"敢问荐之于天而天受之,暴之于民而民受之,如何?"

曰:"使之主祭,而百神享之,是天受之;使之主事而事治,百姓安之,是民受之也。天与之,人与之,故曰天子不能以天下与人。舜相尧二十有八载,非人之所能为也,天也。尧崩,三年之丧毕,舜避尧之子于南河之南,天下诸侯朝觐者,不之尧之子而之舜;讼狱者,不之尧之子而之舜;讴歌者,不讴歌尧之子而讴歌舜,故曰天也。夫然后之中国,践天子位焉。而居尧之宫,逼尧之子,是篡也,非天与也。《太誓》曰:'天视自我民视,天听自我民听。'此之谓也。"

(《孟子》万章上)

此三篇短章之所以谓之新闻短论,是因为均源于史实,也就是当时的新闻事实,其一是据邹国与鲁国交战而引起的议论,其二是围绕西伯善养老者的事实所论，其三是针对尧传位于舜的新闻事实所发议论。孟子在此三篇议论中，都很好地运用了事实性论据，对观点进行了有力的论证，而所用事实数量也是不一样的，有的是一个事实，有的是两个事实，有的则是多个事实。其一用了一个事实，即有司在荒年不上报灾情，致使百姓饿殍遍野、流离失所，所以老百姓在两国交战时就不会救这些官吏，其观点也很鲜明，即行仁政者得人心，反之则民恨之。其二是用了两个事实进行论证，即伯夷辟纣闻周文王兴而归来，躲避商纣王的太公也是闻讯而归，两个事实说明了一个观点，就是"天下有善养老，则仁人以为己归矣"。该文还围绕如何养老摆出了具体措施，因为有制度、有保障、有教化，文王做到了让老百姓没有挨饿受冻的老人，所以仁人才把他作为自己的归宿。其三就格外丰富多彩了，不仅运用了多个事实，还强化了论辩方法，使得短论既有多个事实依据，又有充满逻辑力量的理论论证。多个事实指的是，舜避尧之子于南河之南，天下诸侯去朝觐、打官司的依然去找他、唱赞歌的依然歌颂他，这些事实足以说明是天意，亦即民意。之前围绕天不言而以行与事示之，展开了有力的论辩，亦说明天下是天给他的，是老百姓给他的，也就是说得民心者得天下，从而有力地说明白了天意与民意的辩证统一关系。虽说短论是事实胜于雄辩，但必要的雄辩也不可或缺。此篇短论还引用了《太誓》中的至理名言，以证明天意即民意，这种引经据典的做法，也是古今论证中的常见方法，与事实论证相结合，更能够取得论证说理的良好效果。所以说，事实和雄辩结合起来，才让此番短论更为立意深刻，传世久远。在今天的新闻短论中，如果巧妙地运用上事实，同时又适当强化论辩，定会使短论生色，更能增强感染力。

古今比较，看新闻短论的写作诀窍

唐宋八大家的诸多短论名篇，亦是摆事实，讲道理的佳作。韩愈因李贺举进士讳父名遭到非议而十分愤慨，于是撰写《讳辩》为其鸣不平。在短论第二段一连列举了八九个实例，也就是摆事实，还引用唐代律令，用事实论据和权威理论论据，说明举进士一事并未犯避讳禁令。文章最后指出，个人品质才是关键，不能在避讳孝亲这样的事情上斤斤计较，从而委婉地批判了死板的避讳制度。在摆事实，讲道理以事喻理方面，欧阳修《相州昼锦堂记》亦堪称短论名篇。其文名为记，实则是叙为辅，议为主，而且为了论证主人身居显位，不炫耀富贵志在留清名于后世，作者欲扬先抑，接连列举出志得意盛的季子和朱买臣两个事实，从反面衬托德被生民、功施社稷的主人公，作昼锦堂不以夸者为荣，而以为戒的高尚情操。正是如此，才使文章婉转曲折，别有风味，真正体现出了事实胜于雄辩的短论之美。同样地，如前所述，王安石《读孟尝君传》也是以实例说话的短论名篇，全篇只有4句话、88字，不光笔势峭拔，辞气横厉，"文短气长"，而且在短短的文字里，列举了能鸡鸣和善狗盗，这样两个不能称得上士的历史事实，强烈批判了孟尝君"能得士"的言论，说明他所重用的不过是"鸡鸣狗盗之雄"，如果真是有才能之士，一个就够了！如此等等，古文大家们正是运用事实，以事实明理，才让他们的传世之作更加为人称道，而益有补于世。

由此可以看出，实例法短论是把摆事实与讲道理结合在一起的论证，通过提供具体的事实或实例来支持论点，然后通过逻辑思维和推理，展示清晰合理的思考过程。这种实例论证法，在《之江新语》和《下乡手记》中亦是多见，而且是出新出彩，十分精到。比如《之江新语》中的《完善社会动员机制》，先是摆出事实，即面对接二连三的台风肆虐，浙江始终坚持以人为本、人民至上的宗旨观念，为了"不死人、少伤人"，各级领导干部靠前指挥，各方协作，群众动员和资源动员配套，形成了有效的防灾减灾避灾的社会动员机制。接下来，短论围绕这一机制展开逻辑和推理论证，得出能否有效进行社会动员，是对执政能力的现实考验这一鲜明论点，并归结为具有全局性的重大意义，是提高综合执政能力的重要检验。短论通过摆事实与讲道理的巧妙结合，使作品有了更为广泛的影响力。《下乡手记》中的《张师傅的种田辩证法》更是摆事实、讲道理的妙品，而且在写作架构上有所创新。为了说明张师傅有经营头脑，三个事实分别开列，又分别给以按语式的评论，通过摆事实和讲道理，形成三个微型小短论，既以事实说明"市场重'抢'"，又以事实说明"市场忌'赶'"，还以事实强调"多与少是相对的，市场饱和就有短缺"的哲理，最后则归结出"商无定法"铁律，所要遵循的应是，"不管这招那招，销得俏赚得多就是好招"。通篇新闻短论，事实摆得巧，道理拎得清，好读耐看，奇巧可人。

在实例法新闻短论方面，笔者也多有尝试，而且也可说颇有所获。无论是在"人民论坛"稿中，还是短小的"今日谈"稿，都有所实践。如前所述《村里还是要有小喇叭》，就摆出两个事实，河北藁城市岗上村30年用小喇叭宣传好人好事，春风化雨，助推新农村建设；安徽亳州市大周村23年小喇叭说科技，成为群众离不开的宣传员。然后借事说理，村里不光需要小喇叭，还要管好用好小喇叭，小喇叭才能真有大作为。其实，在新农村建设中，群众还有许多好做法、好经验，需要记者看得见、抓得住、写得好，不光在通讯报道和融媒体上可以有所作为，在新闻短论上同样有着广阔的用武之地。关键是要多发现、多思考、多动手，才能不断写出好短论。比如在采访安徽宣城市推进清洁乡村建设时，听市委书记一席话深有感触。他说，清洁乡村看起来是小事，抓起来是难事，真干好还要看真本事。这句话让我想起自己在山西采访的乡村卫生先进典型泽州东四义村，一把扫帚扫了60年，扫成了全国"健康村"；想到甘肃推进农村清洁优化活动等，无不是在坚持上下功夫，才有清洁乡村大变化。于是在推出重大报道后，又动手写出了一篇"今日谈"：

清洁乡村　坚持才有改变

山西泽州东四义村一把扫帚扫了60多年，"小扫天天有，大扫三六九，早起十分钟，扫完再上工"，硬是把一个昔日的"瘟疫村"，扫成了"健康村"。安徽宣城市实施农村清洁工程，财政拿钱，县乡统管，村有清洁工，乡有垃圾处理站，一年左右时间就改变了垃圾围村的窘状。甘肃示范推进田园、家园、水源清洁优化，让污染少了，家园美了。

从沿海到边疆，从东部到西部，无论发达地区，还是贫困山区，新农村建设标准也许有所不同，但清洁干净是必不可少的基本标准。楼房建得高又大，家家都有现代化设施，而村村垃圾遍地，水脏气臭，那样的乡村再富裕也称不上美好。

清洁乡村看起来是小事，做起来是难事，做好了要本事。实践证明看似小事的乡村清洁，没有常抓不懈的毅力，没有一定的投入机制，没有运转协调的专业队伍，肯定是做不好的。让乡村清洁，请下真功夫，拿出真本事。

(《人民日报》2013年4月28日）

之所以列举了三个实例，完全是为了观点服务的。此篇新闻短论的主题就是标题所要表达的，是强调坚持的重要性，而不是要说清洁的大道理，要强化坚持的观点，仅靠市委书记那句精彩的话是不够的，仅靠宣城一个事实也是不够的。笔者想到了60年扫出全国卫生典型的东四义村，拿来说明观点，又看到甘肃全省推进田园、家园、水源清洁优化，一起拿来作为事实，既有点上的又有面上的，既有正在进行的又有几十年的权威事实，就把坚持二字整透彻了，文章最后再把小事、难事、本事的辩证关系亮出来，才能真正落脚到短论的主旨，即"让乡村清洁，请下真功夫，拿出真本事"，从而起到更好的宣传教化作用。

古今比较，看新闻短论的写作诀窍

会说话

胡乔木同志说，评论是说话的艺术。说话是什么，现代汉语词典解释为，用语言表达意思。那现在就来说一下新闻短论的语言问题。这对短论来说，会说话就显得特别重要。前面说到新闻短论写作诀窍有譬喻法、对比法、拉呱法，还有实例法。其实，这法那法，那只是新闻短论中论证的方法，而会说话才是基本法。就是说，这法那法都离不开会说话，会说话是写好新闻短论的基本功。新闻短论的特点是借事实说理，事实要选得好，话也要说得好，话说好了，这法那法也才能用得好，所以借事说理，会说话是第一位的，如何组织语言，用好的语言把意思论证明白，就显得特别重要。

对新闻短论来说，什么是好的语言呢？于宁、李德民《怎样写新闻评论》对评论语言提出了基本要求，一要准确，二要鲜明易懂，三要生动。邵华泽、范荣康、米博华先生也在各自的专著中说到同样的意思。这些既是对大的评论所要求的，也是对新闻短论的要求。只不过要提出的是，如前所说，新闻短论是评论中派生出来的，大评论说大道理，小短论说小道理，小道理也是理，而且更不大容易说好，必须下大功夫，努力说好小道理。另外，新闻短论是据实而论，借事喻理，一事一议，不是一味论说大道理，必须事要清，理才明，语言要求更要有叙事说理的独特之处。同时，新闻短论是署名文章，必须注意培养各自的语言和行文风格，以多样化突出新闻短论的可爱之美。所以说，好的语言，对于新闻短论而言，愈加显得重要。

其实，要弄明白什么是好的语言，先要弄清楚什么是不好的语言。以善辩著称的孟子对此早有说法，他在《孟子·公孙丑上》说："我知言，我善养吾浩然之气。"知言，就是懂得辨析言辞，知道语言的好坏，能做到"诐辞知其所蔽，淫辞知其所陷，邪辞知其所离，遁辞知其所穷"，诐辞指偏颇的言辞，淫辞指过分的言辞，邪辞提邪僻的言辞，遁辞指敷衍搪塞的言辞。在今天来说，就是不正确、太夸大、极怪诞、词不达意的语言。孟子不仅明白"诐""淫""邪""遁"表现于言辞中的弊病，而且更清楚为其"所蔽""所陷""所离""所穷"会带来极大危害，即"生于其心，害于其政；发于其政，害于其事"。也就是说，言辞的过失会产生思想的过失，进而危害政治，把它体现于政令措施，就会危害具体工作。为此，孟子"为此惧"，要与之论辩，并且在《孟子·滕文公下》中说："予岂好辩哉？予不得已也。""我亦欲正人心，息邪说，距诐行，放淫辞，以承三圣者。"也就是说，为了端正人心，抑制谬论，反对偏激行为，驳斥夸诞言论，他要站出来，端正人心，用无与伦比的正确言论继承和宣扬圣人厚德。

《孟子》是本十分难得的短论范本，读三遍四遍不为多，十遍八遍才能略知根本。民本是他的政治思想核心，主道是他的政治理想，仁政是他的施政纲领，性善论是他的道德哲学基础，天人合一有着十分合理的先进性，而教育思想和文艺思想更会让人受益匪浅。更重要的还在于写作方法和技巧，既有大气磅礴、言辞雄辩、富有力度的气势，又有逻辑严密、说理畅达、尖锐机智的缜密，还有形象生动、通俗易懂、形式多样的佳构，实在是新闻短论者所要反复阅读的经典。

因而，汲取《孟子》写作艺术，吸收唐宋八大家古文精髓，探索各方面短论方家的名篇佳作，结合笔者几十年实践，对新闻短论语言如何"提鲜"增色，作如下介绍：

形象化。在新闻短论写作上，形象化非常重要。形象化是修辞学上的一种转化，将抽象的事物当作具体的事物加以描述，从而以形象引起人的思想或感情活动，增强借事明理的良好效果。杰出的政论家，评论大家，可以说都善于把抽象的道理形象化，有感而发的新闻短论，更应该尽善尽美地多用形象化笔法，把短论写作得生动活泼起来。《孟子》中许多短论就是形象化的难得范例。比如《孟子·告子下》有一篇短论，当得知鲁国将要让乐正子执政这一新闻事实时，孟子高兴得睡不着觉，对此，学生公孙丑接连做了几个方面的猜测，是因为乐正子刚强吗？是他有智慧和谋略吗？是他见识很多吗？这些都被孟子否定了。原因只有一个，那就是乐正子喜欢吸纳善言，然后就此发表了一番议论，也就是就事而论、一事一议的新闻短论。且看：

鲁欲使乐正子为政。孟子曰："吾闻之，喜而不寐。"

公孙丑曰："乐正子强乎？"

曰："否。"

"有知虑乎？"

曰："否。"

"多闻识乎？"

曰："否。"

"然则奚为喜而不寐？"

曰："其为人也好善。"

"好善足乎？"

曰："好善优于天下，而况鲁国乎？夫苟好善，则四海之内皆将轻千里而来告之以善。夫苟不好善，则人将曰：'訑訑，予既已知之矣。'訑訑之声音颜色距人于千里之外。士止于千里之外，则谗谄面谀之人至矣。与谗谄面谀之人居，国欲治，可得乎？"

（《孟子》卷十二）

这一短章中，画线部分就是孟子因鲁将要让乐正子执政引起的有感而发的短论，他清晰地阐释了喜欢吸纳善言的优秀政德，会得到全天下优秀人才不远千里而来的善言；而不喜欢吸纳善言者就会把人拒于千里之外，优秀人才举步不前了，喜欢进谗言和当面阿谀奉承的人就会来，同这些小人在一起，想把国家治理好是办不到的。在这里，孟子用了非常形象的字句，给那些不喜欢吸纳善言者画了像："訑訑，予既已知之矣。"訑訑，是傲慢自满的样子。对前来进善言的人，不好善的人会一脸傲慢，嘴里说着："嗯、嗯，我都已知道了。"孟子认为，这种"嗯、嗯"的声音脸色就能把人拒绝于千里之外。在新闻短论中，加上如此形象化的语言，该是多么生动有趣啊！在《孟子》中，这样的形象语言比比皆是，比如《尽心下》论及杨、墨辩者时，孟子说："今之与杨、墨辩者，如追放豚，既入其苙，又从而招之。"如今和杨朱、墨翟学派辩论的人，就像追赶走丢了的猪，已经回到猪圈了，还要跟着把它的脚拴好。形象化如同漫画，了了几笔，则惟妙惟肖，入骨传神。在这方面，唐宋八大家短论名篇中，更是举不胜举。韩愈《蓝田县丞厅壁记》既是栩栩如生的人物特写，又是夹叙夹议的人物短论，其对备受憋屈的县丞的形象描写和议论，既让人心生苦涩，又忍俊不禁。所以，新闻短论要学学孟子和古文大家们使用形象化语言的能力，以提高作品的感染力和深刻性。

在形象化方面，《之江新语》许多篇章都尽显光彩，仅从题目上看就一目了然，比如《不能在"温室"里培养干部》《共演一台"二人转"的好戏》《要拎着"乌纱帽"为民干事》等。其形象化比喻，又生动又灵巧，一看就让人有阅读欲望。《下乡手记》也多是运用形象化语言的名著，前面讲述到的《那个喝"天水"的小山村》，其"天水"就是形象化语言，给人非常干渴的感觉。还有《种树别成了种"数"》，不仅标题形象，而且引用老农的话更为形象："要是把这些年俺村种树的数字摞起来，恐怕连俺家的锅台上都是树了。"论批评种树只求数不求活的问题，这样的形象说法，就比说上一大段指责的话都有力。笔者在新闻短论中也注意到了形象化问题，许多稿子都尽量以形象说话，用生动的比喻烘托短论主题，让短论变得轻松好读。但形象化并非与生俱来的，必须有深厚的学养和生活实践，还要勤于思考，注重积累。

口语化。口语是谈话时使用的语言，谈话不能端着架子，摆个谱子，官腔官调不叫口语。之所以要多用口语，就是以不同于书面语的形式，使议论更为通俗易懂，易于为人所喜爱、所接受。新闻短论不同于社论等"老三类"，因为源自新闻事实、源自生活，论说起来自然要多用口语。但并不是说完全照搬日常口语，必须经过提炼、"筛选"，取其精华，弃其芜杂。《孟子》就是口语化的经典之著，可以说，口语化是孟子最为人所喜爱的辩论语言，也是它传之久远，经久不衰的秘诀所在。无论是精深透彻的格言式语录，甚或新颖可爱的新闻短论，还是充满辩证哲理的长篇大论，处处都体现了口语化说理晓畅的魅力。比如《孟子·梁惠王上》第一篇就是口语化的代表作：

> 孟子见梁惠王。王曰："叟！不远千里而来，亦将有以利吾国乎？"
> 孟子对曰："王！何必曰利？亦有仁义而已矣。王曰'何以利吾国？'大夫曰'何以利吾家？'士庶人曰'何以利吾身？'上下交征利而国危矣。万乘之国，弑其君者，必千乘之家；千乘之国，弑其君者，必百乘之家。万取千焉，千取百焉，不为不多矣。苟为后义而先利，不夺不餍。未有仁而遗其亲者也，未有义而后其君者也。王亦曰仁义而已矣，何必曰利？"

（《孟子》卷一）

与梁惠王对话，当然是谈话式，虽然上下有别，孟子却是以平等式交谈说理的。在义和利的关系上，孟子认为，上下交相取利，那国家就危险了。因为把义放在后头而把利放在前头，那他不争夺是不会满足的。特别是最后打比方的话，那就更体现了口语化的力量，即"未有仁而遗其亲者也，未有义而后其君者也。王亦曰仁义而已矣，何必曰利？"从未有讲仁却遗弃自己父母的，也没有讲义却轻慢自己君王的。王只要讲仁义就可以了，何必讲利呢？这种平等交谈式的对话，其口语化的规劝和说理，就比书面语更易于为人所接受。唐宋古文派亦多讲究口语化写作，许多名篇读来就觉朗朗上口，通俗易懂。特别是古文领袖韩愈，既主张文以载道，又讲究词必己出，文从字顺，而要做到这些，没有口语化是完全做不到的。

《之江新语》和《下乡手记》中很多篇章就是口语化的佳品，单从标题看，《之江新语》中的《办节要降温》《办法就在群众中》《抓

古今比较，看新闻短论的写作诀窍

落实如敲钉子》，读起来上口，听起来有味，充满了口语化。《下乡手记》中更多口语化篇章，像《养台车一年花多少钱》《千万不要一窝蜂》《对马虎不能马虎》，不光标题口语化，短论语言更是新鲜活泼，上口入心。笔者不才，也是在新闻短论口语化上颇为上心，像《群众会该开的要开》《多走一点"冷门"》《收秸秆 得人心》等，无论标题还是内文，都力求口语化，好读耐看。当然，口语化也不是随手拈来的，一是向群众学习，毛泽东同志说："人民的语汇是很丰富的，生动活泼的，表现实际生活的。"二是写好了多读几遍，不顺溜，不响亮，不像口头说的那样，就想着换一句更明白、更通俗、更接近口语的话，这样才能让新闻短论更为读者受众所喜爱。

多变化。这里说的是句式要多变，要随着新闻短论的展开，灵活地运用不同的句式，增强文章的活力。一是多用短句，短论本来就短小，最适合的是短句式。就是长句子中，想法插入几个短句，也会明显地调整语言的感觉，使人读起来比较舒适。二是用好排比句，排比句用得好了，文章就会有气势，有时还会用上排比段，会使新闻短论更加气势磅礴。三是巧用疑问句，是使短论生动的重要手段。有时在篇首用上疑问句，能够把读者迅速引入论题；有时在篇尾发出疑问，能够给读者留下回味与思考；有时用上设问句或反问句，是为了进一步展开议论或有效加强肯定或否定的语气；有时用上连问句，犹如连珠炮，能够增强新闻短论的爆炸式效果。这些句式的多变性，在《孟子》中随处可见，足见孟子不光好辩，而且善辩，其思想尽在各种善辩的篇章中展现，亦体现在句式多样化的语言上。"人皆可以为尧、舜，有诸？"是用在篇首的疑问句；"与谗谄面谀之人居，国欲治，可得乎？"是放在文末的疑问句；"予岂好辩哉？予不得已也"，是用在文中的反问兼肯定的句式。此处反问句恰恰又增强了肯定和否定的力量。特别是众多的排比句，使《孟子》有着超强的感染性和力量感。且看《孟子·梁惠王下》：

滕文公问曰："滕，小国也。竭力以事大国，则不得免焉，如之何则可？"

孟子对曰："昔者大王居邠，狄人侵之。事之以皮币，不得免焉；事之以犬马，不得免焉；事之以珠玉，不得免焉。乃属其耆老而告之曰：'狄人之所欲者，吾土地也。吾闻之也：君子不以其所以养人者害人。二三子何患乎无君？我将去之。'去邠，逾梁山，邑于岐山之下居焉。邠人曰：'仁人也，不可失也。'从之者如归市。或曰：'世守也，非身之所能为也。'效死勿去。君请择于斯二者。"

（《孟子》卷二）

引文画线部分就是气势如虹的排比句，不光读起来气势磅礴，而且增强了问题的严重性，说明小国服事大国，仅靠竭尽财力并不能躲过祸患，施行仁义和坚持正义才是抵御祸患的根本之道。如果不是势如排珠炮的排比句，就不会有如此强大的冲击力效果。唐宋古文派亦是句式多变的大家，刘大櫆《论文偶记》中评论韩愈为文多变时就说："惟昌黎能之。"昌黎即韩愈，他不光字句多变，而且神、气、境、音节都多变，所以才会留下众多千古传诵之美文。新闻短论也要学学古人，写作时力争字词句多些变化，努力让新闻短论多些耀眼的光彩。

有情感。新闻采写需要情感，新闻短论同样需要情感，这里说的情感，既是对新闻事业的热爱，对新闻采写的执着，更是对新闻短论的倾情喜好。没有情感的通讯报道作品是无味的，没有情感的新闻短论语言也是苍白无力的。其实，从古至今，凡为文者都要搜求材料，咀嚼吞纳，积聚情感，恰于其气喷薄欲出时乃"次第命笔"。如孟子所说，我善养吾浩然之气。何为浩然之气？《孟子·公孙丑上》中有一段话：

> 其为气也，至大至刚，以直养而无害，则塞于天地之间。其为气也，配义与道。无是，馁也。是集义所生者，非义袭而取之也。行有不慊于心，则馁矣。
>
> （《孟子》卷三）

孟子对气的解释是，作为一种气，它是最强大、最刚健的，用正义来培养而不加伤害，就能充塞天地之间。它作为一种气，是合乎义和道的；没有这个，它就疲弱了。它是日积月累的正义所生长出来的，而不是正义偶然从外而入所取得的。所作所为有一件不能让人心意满足，这就疲弱了。归结起来说，气是正义的产物，是靠正义培养起来，又日积月累，不断积聚起来的。它是最强大、最刚健有力的，有了这种气，就能充塞天地之间。对于短论和文章而言，就有了气冲霄汉、撼天动地的势，有了不可战胜的力量。正因为如此，《孟子》散文短论不仅言辞雄辩，巧于比喻，形象生动，叙事说理性强，而且感情充沛，气势宏大，富有力度，势如黄钟大吕，逾千年而不衰。

所以，对于写好新闻短论来说，技法诀窍固然重要，但情感则更为不可或缺。情感哪里来？一靠新闻敏感得来，二靠认识提升，三靠正义培养，三者结合又不断思考，才会形成情感的爆发，从而写出有气势、有味道的新闻短论。比较起来，正义的培养较之新闻敏感和认识提升更为重要。正义的培养是浩然正气的根基，有了其基坚固的浩然正气，新闻敏感和认识提升才有扎实的基础。正如王慧敏在《下乡手记》的后记所发出的心灵拷问，心往哪里安放？他首先说，评论是报纸的灵魂。不会撰写评论，算不上一个称职的编辑、记者。当然在今天互联网时代，评论也是融媒体的灵魂，撰写评论，特别是新闻短论，更是新媒体人应有职责。接下来，王慧敏谈到如孟子所说的浩然正气问题，也就是说，当现实利益与记者的良知发生冲撞，心到底往哪里安放？只要当一天记者，恐怕始终会面临着这样的拷问。王慧敏借用一位老记者的话说，当记者就要坚守替人民说话这样的职业品格。如果与时俯仰变成一种时尚的话，那就辜负了正义，辜负了良善。所以，多一份清醒，多一份责任，是新闻人浩然正气的砥砺养成。正因为此，才有了备受读者喜爱的在《人民日报》开设的专栏"下乡手记"。也正因为秉持着新闻人的正义和良善，笔者在几十年的新闻生涯里，在搞好新闻报道之余，采写了许许多多的新闻短论，为《人民日报》评论园地增添了些许清新花卉。在今天新媒体时代，也期待着有更多的新闻短论出新出彩，为实现中国式现代化建设作出更大贡献。

附：阅读参考书目

现代短论类参阅专著：

《之江新语》（习近平著　浙江人民出版社　2007年出版）

《下乡手记》（王慧敏著　中华书局　2014年出版）

《新闻评论学》（范荣康著　人民日报出版社　1988年出版）

《新闻丛谈》（增编本）（徐铸成著　生活·读书·新知三联书店　2011年出版）

《新闻评论概要》（邵华泽著　人民日报出版社　1994年出版）

《同研究生谈新闻评论》（邵华泽著　人民日报出版社　2010年出版）

《怎样写新闻评论》（于宁　李德民著　中国新闻出版社　1988年出版）

《新闻评论实战教程》（米博华著　人民日报出版社　2021年出版）

古代短论类参阅专著：

《孟子》（中华经典藏书　万丽华　蓝旭译注　中华书局　2012年出版）

《晏子春秋》（中华经典藏书　陈涛译注　中华书局　2012年出版）

《古文观止》(〔清〕吴楚材　吴调侯选注　上海古籍出版社　2016年出版)

《韩昌黎文集校注》(中国古典文学丛书　〔唐〕韩愈著　马其昶校注　马茂元整理　上海世纪出版股份有限公司、上海古籍出版社　2014年出版)

《新五代史》(点校本二十四史修订本　〔宋〕欧阳修撰　〔宋〕徐无党注　中华书局　2015年出版)

《读通鉴论》(尤学工　翟士航　王澎译注　中华书局　2020年出版)

《唐宋八大家文钞》(〔清〕张伯行选编　肖瑞峰点校　上海古籍出版社　2019年出版)

《唐宋八大家散文》(王会磊注评　长江文艺出版社　2015年出版)

《大学语文》(徐中玉　齐森华主编　华东师范大学出版社　2019年出版)

《古文鉴赏辞典》(江苏文艺出版社　1987年出版)

《古文辞类纂》(〔清〕姚鼐纂集　胡士明　李祚唐标校　上海世纪出版股份有限公司、上海古籍出版社　2016年出版)